新潮新書

五木寛之
ITSUKI Hiroyuki

はじめての親鸞

658

新潮社

はじめての親鸞……目次

第一講　親鸞を想う——その時代と人々

こんばんは、五木寛之です。

この会は四十～五十人ぐらいのこぢんまりとした会だと聞いていたものですから、座談会風に膝を交えてお話ができるかと思っていましたが、百人を超えるかたがたが壁際までお座りになっていて、ちょっと驚いています。

じつは私もこれまで五十年の間にずいぶん色々な場所でおしゃべりをしてきて、大きなところでは日本武道館からナゴヤドームまで（笑）、自分でもいささかうんざり気味なところもあります。ですから近ごろはなるべく小さなところで、一番後方にいる人の顔のシワが見えるくらいの距離でお話ができたらいいな、と思うようになりました。

若い頃、渋谷にジァン・ジァンという小さなイベントスペースがあって、そこで話をした時はたしか八十人ほどの会でしたが、これがじつにいい雰囲気で、一九六〇年代、七〇年代の雰囲気がいまでも脳裏によみがえってきます。

さて最初にお断りしておきますが、私は宗教学者でも研究者でもありません。

この講義のお題は「人間・親鸞をめぐる雑話」。

つまり一人のもの書きが親鸞についてあれこれ考えてきたこと、耳学問で聞きかじったことなどを、雑談ふうにお話しするものです。

あの博覧強記の佐藤優さんがなさるようなレジメとテキスト、レポート採点まであるような講義など私にはできませんから、むしろ逆の方向で話をすることにします。

逆の一つは、黒板を使わないことです。黒板を使わずに、はたして皆さんと意思疎通できるだろうか。仏教関係や親鸞というと、どうも煩雑でややこしい漢字が多くなりますし、私もふりがなを振っていないと読めないような言葉が続々出てきます。

かつて京都の龍谷大学で聴講生になった頃から、折にふれて仏教の専門家のかたがたの話をうかがってきましたが、難解な用語が出てくるたびに、これはこういう意味なんです、と説明が始まり、たいていは専門用語の解説で終わってしまいます。

でも、ブッダもキリストも孔子も、みな黒板など使わずに面と向かって話をしていた。そう考えると、いちいち板書して説明しなくてもなんとかなるだろう、と思うのです。黒板に文字をサラサラ書いて、これはこういう読みでこんな意味です、と説明するほうがずっと楽です。表意文字をあえて口で説明するぶん、話がまだるっこしくなるかもしれませんが、カタカナでメモをとって、後で意味を調べるのも案外いいものです。

もう一つ、カタカナの外国人の名前を一切出さずにお話しできないかな、とも思っています。有名な哲学者や思想家の名前を挙げて、誰々はこう言っている、誰それはああ書いている、というのは非常に話がしやすいし、自分のいい加減な話に額縁がつくようで、少しグレードアップするような気がします。ブランドもののハンドバッグを持つのと似たような誘惑があるのです。

ですから今回はできるだけそれを避けて、自分はこう思う、五木自身はこう考えている、ということで話を進めることにします。もちろん、世界的な権威ある人たちは別格として、ふだん読んでいる著者のかたの名前はどんどん出していきます。

それからもう一つお断りしておきますと、私は今年（二〇一五年）の秋で八十三歳になります。昔、「花の七年組」と呼ばれて時代の旗手として大活躍していた時代があって、大島渚、小田実、青島幸男——など、挙げていけばきりがないくらいに昭和七年生まれが多かった。

中でも石原慎太郎さんは、生年月日が私とまったく同じ昭和七年九月三十日。同じ作家でも、ものの考え方も立場も様々な面で全然違いますが、それでも彼がテレビなどに出ていると何となく気になりますね。最近少し歩き方が頼りないな、かんしゃくが過ぎるんじゃないか、でも頑張ってくれよ、なんてつぶやきながら見たりしているのです。

そう言う当人が近ごろは粗相が多くなってきていて、よく物を落としたり、何かに引っかけたり、忘れ物をしたり、老眼鏡なんかいくつなくしたかわからない。何年かして本の隙間からひょいと出てきたりして、びっくりすることもある。

加齢が進むことによる問題の一つは、記憶がどんどん曖昧になってくることでしょう。記憶には、長期記憶、中期記憶、短期記憶があるそうですが、私の場合は短期記憶は割合にしっかりしているようです。フィギュアスケートのメドベージェワとか、ソトニコワとかリプニツカヤとか、そんな名前ならすぐに覚えられるから不思議ですね。でも面白いもので、一つ覚えると別の何かが一つ抜けていくらしい。

やはり人間の記憶というのは風船みたいなもので、およそ一定の容量があるのでしょう。そこに新しい名前が入ってくると、大事な名前が横から押し出されるようにして抜けていく。若い頃ならいくらも覚えられたはずの固有名詞をどんどん忘れていくのです。

人名を思い出せない時は、アから順番にイ、ウ、エ、オとずっとたどっていくと、だいたい見つかります。先日も講演の最中に『青い鳥』という戯曲の作家の名前が見つからなくて、演壇に立ったまま懸命にア、イ、ウ……とやっていた。ところがこれ（メーテルリンク）は終わりのほうですから、あの時は本当にまいりました（笑）。

私も造語に関しては自分なりにずいぶん色々と作ってきましたが、みうらじゅんさんにはかないません。少し前にお話しする機会があって、「いやあ、造語どころか、もの忘れになくしもの、固有名詞が出てこなくなってショック受けてますよ」とぼやいたら、

「あっ、老いるショックですね」と返されました（笑）。さすがです。

律義で論理的な人

余談はさておき、今日はお話のついでに持ってきたものがあります。何か話をする時には、知識や情報だけではなく、その人の生原稿とか愛用のパイプ、あるいはレインコートとか、何かそういう「もの」を手にすると親しみがわいてくるものです。

『唯信鈔《ゆいしんしょう》』というこの本は、比叡山で修行して、やがて山をおりて法然の弟子になった聖覚《しょうかく》という人が著したものです。聖覚は安居院《あぐい》流という唱導《しょうどう》の名手としても知られていて、いわば親鸞にとって先輩にあたります。

その中身はというと、ただ信じることが一番大事で、それ以外は二の次、三の次だということを丁寧に書いてあるものです。親鸞はこの『唯信鈔』に非常に感銘を受け、晩年八十歳を過ぎるまで何度となく書写しています。

今の時代なら、きれいに印刷して製本された本を買って読むことができますが、昔は一字一字そうやって書き写して、大事な本だからしっかり読んでください、といって手渡していました。印刷技術などない時代ですから、繰り返し繰り返し自分で書き写しては、色々な人に渡して勧めていたのです。

それだけではもの足りなかったのか、親鸞は『唯信鈔《ゆいしんしょう》』に何が書いてあるか、どう読むべきかについてやさしく説明した『唯信鈔文意《もんい》』という文書まで書いています。

その終わりのほうにこんな言葉があります。

ゐなかのひとびとの、文字のこころもしらず、あさましき愚痴きはまりなきゆゑに、やすくこころえさせんとて、おなじことをたびたびとりかへしとりかへし書きつけたり。こころあらんひとはをかしくおもふべし、あざけりをなすべし。しかれども、おほかたのそしりをかへりみず、ひとすぢに愚かなるものをこころえやすからんとてしるせるなり。

こころある方々、つまりインテリは笑うだろうけれども、それでもかまわない。私はできるだけ同じことを地方の人々、文字も知らぬ田舎の人々にもわかるように繰り返し何度も書いている。大事なことを伝えたいからだ、と。これは私がたいへん好きな言葉です。

もちろん、本物は重要文化財になっていますから、今日お持ちしたのは複写ですが、とりあえずこの字を見るだけでも、親鸞という人の性格が伝わってきます。

まず、律義ですね。伸ばすところはきちんと伸ばし、はねるところはきちんとはね、一点一画たりとも無駄にしない。とても八十歳を過ぎた人の筆づかいとは思えない律義さと、ある種の人間的な厳しさがにじみ出ている感じがします。

それと親鸞の文章には、何となれば、しかるがゆえに、といった言葉づかいが非常に多いのが特徴です。なぜならば、したがって、みたいなもので、仮に「信心が大事だ」と言ったとすると、「何となれば――」と必ず来る。次いで、「しかるがゆえに」とえんえん続く。じつに緻密に、論理的に話を詰めていくわけです。

親鸞に関しては、宗門ばかりでなく、宗教家以外にも多くの思想家や哲学者が関心を持ちつづけ、それぞれ多くの文章を書かれているのは、親鸞のそういう論理の進め方が西洋哲学の基本形と共通しているからかもしれません。

日本では古来、ある意味で、情緒でもって文章を流してしまう傾向があります。私自身もそうです。情緒というのは暗黙のうちに感覚で伝わるだろう、という感覚ですが、親鸞の場合は、一点一画も無駄にしない書き方からもわかるように、日本人には極めて珍しく、徹底して論理的な文章を書いています。それがたとえば『最後の親鸞』を書かれた吉本隆明さんのような思想家にとっても魅力なのでしょう。

それだけに正直なところ、私自身は少々うっとうしい感じもするのです。こういう人と三日も顔を突き合わせていたら、ずいぶんしんどいだろうな、とても長くは一緒に暮らせないなあ、そんな感じがしてきます。越後に行ったまま、結局、親鸞のもとに帰ってこなかった恵信尼《えしんに》という奥さんの気持ちも、何となくわかる気もしないではありません。

ただ、そういう稀有な人だからこそ、時代を超えて人々に関心を持たれる存在なのであるとも言えるでしょう。

すべては推定の親鸞像

ご存知のように、親鸞についてはすでにたくさんの本が書かれています。しかし私自身は、どれを読んでも、心底納得がいくということがありません。

それは、親鸞が有名な宗教者の中ではほとんど例外的に、自分のことを自分でまったく書いていないからなのです。承元《じょうげん》の法難（一二〇七年〜一二一一年）の際に、自分たちは遠流《おんる》の刑に処され、仲間はこのように首を斬られた、と憤慨した口調で書いている部分がありますが、わずかにそれだけです。

ですから、今に伝わる親鸞の伝記の類いはほとんどが推定であり、推定ですべてができ上がっている以上、どんな話でもそこにはあり得る。その意味では、私がここでするお話にも勝手な推定や想像がかなり入り混じっているものとお考え下さい。

これは極端な話ですが、明治時代の半ばごろに「親鸞不在論」、すなわち親鸞というのは伝説中の人物であって実際にはいなかったのではないかという意見が出て、話題になったこともありました。

ところが大正十（一九二一）年前後でしたか、西本願寺の宝物庫から恵信尼《えしんに》が末娘の覚信尼《かくしんに》に宛てた書状十通が発見されました。それを読むと、確かに親鸞という人がいたことがわかる。そこで初めて実在が確定します。

もっとも、確定といっても百パーセントの保証はありません。果たして恵信尼が親鸞にふれた手紙を書いたからといって、現在、みんなが伝説を通して考えているような親鸞が実在したかどうかはわからない。

定説にしたがうならば、親鸞には本願寺系の「親鸞伝絵《でんね》」（本願寺聖人親鸞伝絵）という伝記があります。これは覚信尼の孫、親鸞の曾孫にあたる覚如《かくにょ》が作り上げたもので、その中で親鸞はかなり偶像化され、美化されてもいますが、宗祖への尊敬の念にもとづいて作られた堂々たる一代記になっています。

この、覚如が親鸞を顕彰するために作り上げた「伝絵」は文字通り絵入りの本で、宗門ではすこぶる権威ある伝記とされています。確かに非常に丁寧に取材してあるし、著者は名文家でもあります。流れるような美文調で書かれた立派なもので、宗門関係の研究者たちも定本としてベースにしています。

ところが江戸時代に入ると、それとは別の流れとして親鸞にまつわる民衆的なフォークロア（伝承）や、変わったエピソードを交えた『親鸞聖人正明伝《しょうみょうでん》』が作られました。「伝絵」の本願寺系とは対立関係にある真宗高田派専修寺《せんじゅじ》に伝わるもので、近代史学においては『正明伝』はもっぱら偽作あつかいで蔑視され、ほとんどの研究者が相手にしませんでした。要するに、どうせ講談本みたいなものだろう、というわけです。

しかし近年、『正明伝』には何か大事なリアリティがあり、偽書というあつかいで片づけてしまっていいのか、という声が上がるようになりました。正統であり権威とされる「伝絵」にはないものが、多々隠されているのではないか、というのです。

真宗大谷派の佐々木正さんは、一九九〇年代から一貫して、正統とされる覚如の「伝絵」と別なルートをたどって親鸞の生涯に迫りつづけています。

佐々木さんが書かれた『親鸞始記　隠された真実を読み解く』は、資料よりもフォークロアにこそ真実は隠されているはずだ、という、思想的スリルに富んだ名著で、それに触発された梅原猛さんが『親鸞「四つの謎」を解く』を書かれました。

「四つの謎」は、大きくわけて、「出家の謎」、「法然帰依の理由」、「あの結婚の意味」、そして「親鸞の悪の自覚とは何か」、というスリリングな四つの追跡からなります。

それぞれに梅原さんならではの学識と思索が存分に発揮されているだけでなく、実際に現場に足を運んで『正明伝』にあるエピソードをたどり、体感をつみ重ねた細密なルポルタージュでもあります。

いずれにせよ、長年のあいだ本流とされてきた「伝絵」というオーソドックスな教科書だけに依存することなく、民間伝承の中に隠された記憶をたどることで、親鸞の真実に迫ろうとする試みが多々ある。これまでどこかトンデモ本のようなイメージを持たれていた『正明伝』がクローズアップされてきたのは興味深いことだと思います。

親鸞については大別するとこれら二種類の伝記がありますが、今世紀に入ってもなお、独自に研究した成果として次々に新説が発表されています。親鸞に関する書籍はこれまで何百冊あるかわからないくらいで、一説によると、個人に関連する書籍の数としては日本最多といわれます。

しかし、「伝絵」にしても『正明伝』にしても、いくら読んでもわからないところがたくさんある。ですから、それらをもとに書かれた学者や研究者の方々の作品を読んでも、よけいにわからないというか、ますます親鸞の姿が見えなくなってくる感があるのは困ったものです。実在したことは間違いない。けれども実像がいったいどうであったか、その定説はなく、いわば永遠の謎に包まれた存在と考えたほうがいいようです。

たとえば生まれ一つとってみても、承安三（一一七三）年に京都郊外の伏見の日野というところで誕生して、京都で育ったとされています。この辺はだいたい間違いないと思われますが、では誰が父母でどの程度の家柄だったか、となると諸説こもごもあります。現在の一応の定説では、日野有範《ひのありのり》という下級貴族の子弟であったということになっていますが、やはり確かなところはわかりません。

戦後一時期、左翼系の研究会の中から、親鸞は被差別部落の出身だという新説が出されたこともありました。

それが最近になって梅原さんは先ほどふれた本の中で『正明伝』を色々と調べて、親鸞の母親は源義朝の娘で頼朝・義経の甥にあたる、という大胆な推理をされています。並べてみたら、たいへんな飛躍です。別に血筋によって親鸞の価値が上下するわけでもありませんが、それほど大勢の方々が親鸞の家系について調べ、それぞれ確信を持ってさまざまな文章を書いておられるのです。

仮に京都郊外の下級貴族の家に生まれたとして、どの程度の暮らしであったのか。定説では貴族といっても下級ではほとんどが生活が苦しかった。ましてや父親は少々放埒の人で、妻子を捨てて家を出ていって母子家庭みたいになったという話もあります。

ともあれ親鸞は幼くして京都で自分の伯父さんの家に居候させてもらって育ち、九歳で出家することになります。定説では、当時たいへんな権力者だった九条兼実《かねざね》の弟で、後に天台座主《ざす》をつとめた慈円から得度を授かって入門したとされています。

そこから二十九歳で山をおりるまで二十年の比叡山生活と書く人もいますが、九歳で得度入門してすぐ比叡山に入るかというと、おそらく初めの何年間かは小坊主なり稚児としてあちこちのお堂で働いて、ある程度そうした集合生活に慣れたところで入山を許されたのではないでしょうか。

では比叡山で親鸞は何をしていたか。長い間さまざまな議論がありましたが、今はだいたい意見が統一されて、堂僧であったというのが定説になっています。堂僧というのは、常行《じょうぎょう》堂という仏堂で修行するかたわら雑用やお手伝いをしたり、あるいは念仏を唱えて山内をグルグル回ったり、そういう仕事に従事する人たちのことです。

これは、先にふれた恵信尼の手紙の中で、「殿のひへ（比叡）のやまにたうそう（堂僧）つとめておはしましける」と書かれていたことからです。昔は濁点をつけませんでしたから、「たうそう」は堂僧だろうと解釈された。ところが最近は濁り点がつかなくて「どうそう」ではなくて、東塔、西塔とかという塔の僧だという異説も出てきたりしています。

親鸞は比叡山で将来を非常に嘱望され、たいへんな能力を発揮したという話もありますが、事実かどうか、具体的には確かめようがありません。

ですから、どんなに著名な研究家のお話であったとしても、私はほとんどが推定というか、緻密な空想なり推理なりの産物であって、その意味では伝説といっていいと考えているのです。

親鸞もコーラスボーイだった？

その当時の比叡山は、仏教にとどまらず、天文学から医学や薬草学まであらゆる学問を修める場所で、最高の総合大学のようなものでした。

そして、数ある学問分野のなかでもとりわけ重要だったのが音楽です。現代では仏教の音楽というと、声明《しょうみょう》や邦楽ぐらいに軽く考えがちですが、ものすごく大きな位置を占めていたのです。

この時代、仏教は鎮護国家のため、朝廷の安定と武運久しからんことを祈り、現世利益《げんせりやく》をもたらすためのものでした。朝廷をはじめ有力者の間では、日照りが続いたり伝染病がはやったり、何かことあるごとに法会《ほうえ》という催しを開いて、祈願をすることで問題を解決させようとしました。

なかでも比叡山は京都を守り、朝廷を守るということにおいては大きな精神的支持母体であったと考えられます。

僧侶も基本的に国家のための官職ですから、非常に難しい試験がある。毎年せいぜい十人足らずの者だけが正式に僧として認められていました。今でいうなら国家公務員上級職試験をパスして財務省に入るような選り抜きのエリート公務員というわけです。

以前、その試験の内容について調べてみたことがありますが、とんでもなく難しいものでした。たとえば一つの言葉について漢音で読む。次にサンスクリットで読む。さらに和音で読む。ちょっとやそっと勉強したぐらいでパスできるようなしろものではありません。

その一方で、試験には通っていないのに、自分で髪の毛を剃って墨染めの衣を着て歩く人もいました。私度僧《しどそう》とか濫僧《ろうそう》と呼ばれる、民間のお坊さんです。俗な言い方をすればもぐりのお坊さんですが、それなりに民衆の間では需要があったようです。

貴族の子弟というのは、長男が貴族として跡を継ぐと、次男坊や三男坊の出世の道は唯一、宗教界で出世するしか方法がありませんでした。ですから、みな争って比叡山とか東大寺とか興福寺とか、有名なお寺に子弟を押し込もうとした。それほど立派な家柄とはいえない親鸞は、相当苦労しながら、それなりに実力を認められていたようですが、多少なりとコネが役立ったことは間違いないと思います。

では、当時の法会とは、どういうものであったのでしょうか。

雨乞い、疫病平癒《へいゆ》、戦乱鎮定《ちんてい》など様々な理由で法会が催されました。たとえば、京都の町で朝廷が大法会を催すとします。

まず、比叡山から僧侶たちが行列を作っておりてきます。紫色の衣や緋色の衣、あるいは金銀で飾りたてた衣を着た偉いお坊さんがたが牛車に乗り、その前を化粧した美しい少年たちが稚児行列のように並んで歩く、その左右には僧兵と呼ばれる武者たちがいて行列を守って進んでいきます。

そのパレードの威容だけでも京都の民衆は、今日の法会はすごいな、と嘆声をあげながら集まって見たことでしょう。

その法会の席に、たとえば越天楽《えてんらく》のような荘重な音楽が流れ、その日のＶＩＰというか主賓たちが入場してきます。その周りを、若いお坊さんたちが鉢の中に花びらをいっぱい入れて、ぐるりと輪になってゆっくりと撒きながら歩く。それに合わせて、散華《さんげ》の音楽が奏される。そして表白《ひょうびゃく》が、今日はこれこれの趣旨でこの法会を催す、ということを節をつけ、歌い上げるように長々と読み上げられます。

法会の催しが進行するにつれて読経もあれば念仏もあり、これらはすべてメロディ、節のついた歌です。舞台の後ろのほうでは比叡山の下っぱのお坊さんたちが並んでいて、いわばバックコーラスをつける。僧の修行の一つとして徹底的に色々な音楽を仕込まれますから、親鸞も若い頃はそういうコーラスボーイの一人であったのかもしれません。

法会のような仏の徳をたたえる行事で歌われるのは、梵唄《ぼんばい》と呼ばれます。梵唄の梵はサンスクリットのことで、そのほか漢讃《かんさん》といって中国語で歌うもの、和讃《わさん》という日本語で歌うものもあった。それらをすべて覚えるだけでなく、調子の上げ下げ、フレーズの終わりでの大小のバイブレーション、大《おお》ユリ、小《こ》ユリをつけたりもするなど、とにかく難しい約束事がたくさんあるのです。

余談ながら、歌手の森進一さんが、歌の終わりのところで「アーアーアー」と長く伸ばすのも演歌ならではの癖ではなくて、比叡山の声明《しょうみょう》の大ユリのような伝統的な日本人の発声なり歌い方が、かたちを変えて流れて生きているのかもしれません。

念仏も読経ももともとは歌でした。歌うだけではなく、笛や笙《しょう》や篳篥《ひちりき》をはじめ管楽器も、木魚や太鼓のように叩いて音をならす打楽器もある。音楽に関わる修行がお坊さんたちの生活のかなりの部分を占めるほどに、技術的な努力が必要だったことでしょう。ヨーロッパのクラシック音楽の源はグレゴリオ聖歌、「グレゴリア・チャント」といわれます。ヨーロッパでは比叡山や高野山の声明を「ブディスト・チャント」と呼んで非常に高く評価しているとききました。

それだけ複雑で高度な技術が求められる歌なり音楽が修行の過半を占めていたと考えると、ひたすら座禅を組んでは沢庵《たくあん》一切れのような粗食に耐えている修行僧のイメージとはだいぶ違いますね。

かつて比叡山では旧暦八月の中頃、名月の日に念仏会が行われていたといわれます。京都の人は身分の高い人も市井《しせい》の人も、みな朝野《ちょうや》を挙げて山にのぼり月下の大念仏会、つまり念仏音楽コンサートを楽しんでいた。楽しむばかりではなく、ご利益があるからです。

宗教や仏教というと、何か高度な知的な営みのような感じがしますが、一般の人々にとってはつまるところは現世利益が中心です。

以前、二年間で百の寺を巡る『百寺巡礼』という本の企画で全国各地の名刹を歩いて回り、奉納されている御札や祈願について調べてみたら、その内容は、病気平癒、家内安全、商売繁盛のほぼ三つに限られていました。

家内安全とは自分の家庭のことだけではなくて国の安全、ひいては世界平和でもあるでしょうが、平和と商売繁盛と健康とが実現するように、との願いは現代でも変わりません。何であれ、日本人が宗教に求めるものは、これら三つの現世利益にまとめられるようです。

法然との出会いと衝撃

親鸞が比叡山をおりた経緯については、いろんな説があります。どれだけ修行を積み重ねても自分の煩悩が克服できないと悟り、それで京都の町へ出て、聖徳太子が建立したとされる六角堂で百日の参籠《さんろう》をする、というのが定説でしょう。

百日参籠というからずっと六角堂に泊まり込んでいたのかと思っていましたら、話によると、雲母坂《きららざか》という辺りを毎日往復し、参籠のために走って通ったのだといわれます。果たして実際にできることなのかどうか、ともあれ参籠して九十五日目の暁《あかつき》に、親鸞は夢の中で聖徳太子の示現《じげん》を得た、という物語です。

行者宿報設女犯（ぎょうじゃしゅくほうせつにょぼん）
我成玉女身被犯（がじょうぎょくにょしんぴぼん）
一生之間能荘厳（いっしょうしけんのうしょうごん）
臨終引導生極楽（りんじゅういんどうしょうごくらく）

あなたが因縁によって女犯《にょぼん》をおかすなら、私が女の姿になって交わりを受けよう。そしてあなたの一生を立派に飾り、臨終に導いて極楽に生まれさせてあげよう――。

いわゆる女犯に関する「夢告げ」で、内容としてはかなりエロティックなものです。

親鸞はそれをきっかけに吉水《よしみず》の法然のもとに行き、その言葉を聞いて号泣し続けるほどの衝撃を受けたといわれます。二十九歳までの長い比叡山生活の中で、どうしても突き止めることができなかった何かに触れたからなのでしょうか。すぐに法然の門下になる決心をし、それから親鸞は百日の間、雨の日も風の日も一日も欠かさず法然の話を聞き続け、門下として迎えられることになりました。

この経緯については諸説あり、中にはうまくできたフィクションの部分もあるだろうし、逆に、フィクションの中の真実もあるかもしれません。

法然との出会いが非常に衝撃的なものだったことはおよそ想像できますが、当人が何も書いてない以上、それはあくまで想像です。誰に見せるあてのない日記でも、人は自分を美化して書いたりするものです。他人にこう思ってもらいたい、という願望で書くこともありますし、当人が書いたから完全に信用できるというわけでもないのです。

第三者が見ていても、その人間の真実というのは、当人にも、まして周りの人にはわからない。ですから、親鸞を素材として自分の空想なり想像をふくらませていくのが親鸞論であり、親鸞に託して己の信心なり信仰、あるいは思想を語っているということです。そうやって、これまで数限りない親鸞論が書かれてきたのではないでしょうか。

法然は、比叡山にいた頃から「知恵第一の法然房」と謳われるぐらい勉強のできる、群を抜いて頭のいい人でした。次の座主は決まりだと噂されるほどの大秀才だった法然は、まだ十代のうちに、黒谷《くろだに》の別所というところに隠遁《いんとん》し、比叡山で公的な出世栄達の道を歩くことを放棄してしまいます。

その黒谷で勉強しているうち、中国浄土教の高僧である善導《ぜんどう》の存在を知り、その書物の中で口で唱える念仏に出会います。そして偏依《へんね》善導、すなわち一筋に善導に帰依し、その思想と行動をみずからの規範とすることを決意して黒谷を出て、京都の町の巷《ちまた》におりていくのです。

その時はすでに公式の僧侶としてではなく、一介の町の聖《ひじり》という立場です。町の聖とは、率直に言ってしまうと乞食坊主のことで、官位もなければ身分もない、生活の手当てもない、わずかに人々のお布施で生きる立場に身を置くことです。

やがて法然は吉水というところに草庵を構えて、人々と問答を始めます。知恵第一という名声をいまだ背負いつつ、一介の念仏僧として人々に念仏を説くその説法はあまりに革命的だったため、聞く者に大きな衝撃を与えました。

修行も必要ない、善行も必要ない、戒律を守る必要もない。ただ念仏のみ。これさえ唱えれば必ず浄土に迎えられるというのですから、誰もが驚くのは当然でした。

その時代と人々の感情

法然や親鸞が生きたその時代、民衆はどんな気持ちで日々を生きていたのでしょう。天災や飢饉、源平の盛衰など世の中の大きな変化は年表などで多少知ることができますが、京の巷の人々の実際の心情となるとほとんどわかりません。

一つの手がかりは、その時代に流行した歌があります。たとえば昭和の流行歌を聞いていると、何となくですが、当時の人々の心情がわかります。戦後間もなく流行した

「リンゴの唄」や「青い山脈」などを聞くと、戦争の焼け跡の中から、新しい世界で成長していこうとする、日本人の希望みたいなものが感じられます。

しかし中世は人々がまだ科学を知らず、未知なるもの、見えない世界に怯えながら生きていて、祟りや霊魂が大きなプレッシャーとなって人々の心を抑え込んでいました。たとえば朝廷でも、菅原道真を遠く九州に追いやったことで、何かよくない事が起きると道真の呪いではないかと気に病んで、太宰府天満宮を建てて祀《まつ》ることで懸命に霊を慰めようとしました。

あるいは流星の数がふだんより多いだけで世間が騒ぎ、凶事を恐れたりする。そうしたものが極端なほど色々とあって、この日はいい日か悪い日か、こっちの方角が悪ければ方違《かたたが》えしてあっちの方角へ、という具合に、非合理的なことが人々の日常生活の中でものすごく大きな力をもって支配していた時代でした。

そんな人々に大きなショックを与えた一冊の本が『往生要集《おうじょうようしゅう》』です。これを著した恵《え》心僧都《しんそうず》源信は、大和にある二上山《ふたかみやま》のふもと当麻《たいま》で生まれ、比叡山に入って非常に熱心に念仏を修行した人です。

『往生要集』の中で源信が描いたのは極楽と地獄、そして人々が救われる道はどこにあるかということでした。しかし、極楽の描写などは今の私が読んでも大して魅力的ではありません。ところが地獄の説明のほうは実に迫力があって、すごい描写力です。

当時それを文章で読めるのは身分の高い人たちだけでしたが、そのイメージは、いろいろな形で世間に流布して大きな話題になっていきます。

たとえば大道芸人が『往生要集』に書かれた地獄の描写だけを抜き出し、絵巻物にして人の集まる場所で地獄の物語として話して聞かせる。大人ものぞき込む、子どももこわごわ後ろからのぞき込む。人々の心の中にはそこで語られる地獄の様相が如実にリアルなものとして焼きつくわけです。

またお寺では壁にかけてある絵をお坊さんが指し示しながら、地獄には針の山の地獄、血の池の地獄などがあって、閻魔《えんま》大王がいて……という具合に、こと細かに話をしてくれる。壁画や襖絵にも描かれるほどに、切実な問題として地獄というものが人々の心を占めていた。平安から鎌倉へと時代が移っていく時代、地獄に行くことを恐れおののく中世人の心というのは、現代の私たちでは想像がつきません。

人は死んだらどうなるか。行く先には地獄と極楽と二つがあって、極楽に行ける人はごくわずかとされていました。では、地獄へ行かずに済むにはどうすればいいのか。大まかに三つの方法があるといわれます。

まず、善行を積むこと。善い行いをするというのは、他人に親切にするという意味ではなくて、お寺を建てたり、仏像を寄進したり、たいへんお金がかかるものです。身分の高い人たちは方々に寺を建てたり、五重の塔みたいなものを寄進したり、何百部もの写経を漆塗りの箱に入れて寺社に納めたりしました。これを造寺起塔《ぞうじきとう》といって、その他にもたくさんお布施をする。これが第一です。

次は修行です。比叡山の十二年籠山もそうですが、ひたすら懸命に修行をする。厳しい修行を十年も二十年も続けることで、地獄に行かずに済むというのです。

もう一つは戒律を守ることです。戒律はたくさんありますが、食うや食わずだった当時の人々にとって、善行を重ね、修行を積み、戒律を守り、なんてことは絶対にできません。

仏教の五戒とは、生きものを殺してはならない、他人のものを盗んではならない、よこしまな性行為をしてはならない、嘘をついてはならない、酒を飲んではならない、というものですが、普通の人にはどれもできそうでできないことばかりです。

その中でも、最大の罪悪として語られていたのが殺生《せっしょう》でした。

しかし、もともとこの時代は、殺生を生業《なりわい》とする人々が非常に多かった。

「海・河に網をひき、釣をして、世をわたるものも、野山にししをかり、鳥をとりて、いのちをつぐともがらも、商ひをし、田畠をつくりて過ぐるひとも、ただおなじことなり」

『歎異抄《たんにしょう》』で親鸞がそう言っているように、山で獣を狩る猟師や、海や川で魚をとる漁師はもちろん、野菜か稲などを育てる人たちだって畑を耕す時にはたくさんの害虫を殺している。他の命を奪い、殺生をしていることに違いはないとするのです。

ものを売る商人も例外ではありません。人を言いくるめてものを売って利益を得る。何も作らずに利益を得るのは罪深いことである、とされていました。

さらに武士などは、もっぱら人を殺すのが生業ですから、最も罪悪深き悪人であるとされていました。後世、武士階級というものが確立され美化されましたが、その時代は殺戮をこととする集団です。

あらゆる人々は、生きていく中で善行を積むことも、家族を抱えて修行を積むこともできない。戒律を守れといわれても、嘘をつかず、殺生を一切せずに生きていくことは人間にとって事実上不可能です。

つまり、当時の普通の市井の人々は、自分たちは罪多き者であり、死後は必ず地獄へ行く身なのだと覚悟しなければならなかったのです。それは大変つらいことでした。

法然や親鸞が生きた十二世紀から十三世紀にかけての世相というのは、不思議なぐらいに、天災、大火、内乱、犯罪、疫病が一時に押し寄せてきた時代です。当時の京の様子は鴨長明の『方丈記』にも詳しく書かれています。

仁和寺《にんなじ》の隆暁法印《りゅうぎょうほういん》が、道で倒れて死んでいる人が累々と転がり、せめてもと死者の額に梵字の「阿《あ》」という字を一字ずつ書いていったところ、左京だけで四万二千三百も書いたとか。誇張があるとしてもそれほどの惨状でした。

凶作に見舞われた地方の農村からは、過酷な税を逃れるべく、土地に見切りをつけて都に行けば何とかなるだろうと人々が京都に押し寄せてきました。

今はカップルが楽しげに語り合う鴨川の河原には、投げ捨てられた死体が累々と山のように積み重なって腐臭を発し、人々は袂《たもと》で口を覆って橋を渡ったといいます。

大雨が降って水かさが増し、死体が下流まで流されたので皆がほっとした、などという話も残っている。道で犬が人の片腕をくわえて走っていても、誰も振り向かないどころか、その犬を捕まえて食べてしまおうというぐらいの世の中でした。

それほど生きづらく、たとえ生きても地獄にひとしい。そんな時代に、死んだらどうなるか、それが人々の大きな関心事になるのは当然です。

これまでの教えでは、善行を積まず、修行をせず、戒律を守らない人は全部地獄へ行くに決まっているといいます。人々は昼は昼で地獄のような生活を送り、夜は夜で自分がやがて送られるという地獄のイメージに怯えながら、夜を徹して苦しんでいた。そんな時代だったのです。

苦難の時代に流行した今様

それほど困難に満ちた時代でも、人の世というのは不思議なところがあります。関東大震災の前後、野口雨情《のぐちうじょう》の「枯れすすき」という歌が大流行したように、平安の中頃から鎌倉時代の初期にかけて流行する歌謡がありました。それが「今様《いまよう》」です。

古く昔からあったものを「昔様《むかしよう》」とも言いますが、十一世紀の初めに成立した『和漢朗詠集《わかんろうえいしゅう》』などは文字通り、和歌と漢詩で編まれていて、どちらかというと五七調で堅苦しい感じの歌が多かったように思えます。

これに対して、今様というのは世態《せたい》人情や人々の憂いを率直に歌う、さしずめニューミュージックのようなもので、たちまち人々の心をとらえて熱病のように流行しました。地の底からわきだすボウフラのように登場し、熱病のごとく巷で流行した。「道を歩く男も女も、首を振り振り、今様を歌いつつ歩かぬ者なし」とまでいわれるほどでした。

その源流は、白拍子《しらびょうし》と呼ばれた遊女たちが舞いながら歌った歌、つまり風俗の世界にありますが、やがて今様は社会現象となり上流貴族や朝廷にも普及していきます。

当時の実力者だった後白河法皇は大の今様狂いで「暗愚《あんぐ》の王《きみ》」などと陰口もたたかれました。今でいえば昼夜問わずカラオケに通うぐらいの熱中ぶりで、今様の名手といわれる白拍子を方々から探し出してきては自分の館に呼び寄せ、三日三晩歌い明かして喉がカラカラにかれてしまったというほどです。

しかし、次から次に生まれる素晴らしい今様も、何年か後に流行が過ぎるとたちまち消えさってしまいます。和歌の世界では『万葉集』や『古今集』のように、後代にのこるアンソロジーがあるのにこれではもったいないというので、後白河法皇は部下に命じて今様を集めさせ、『梁塵秘抄《りょうじんひしょう》』という歌集を作りました。

ただ残念なことに、『梁塵秘抄』は焼けたり水に浸ったりして、わずか一部分しか残っていません。その中からいくつか皆さんもご存知のものを挙げてみますと、

遊びをせんとや　生まれけむ
戯れせんとや　生まれけん
遊ぶ子どもの　声聞けば
わが身さへこそ　ゆるがるれ

これは当時の流行歌であり、現代のフォークソングやニューミュージックみたいなものだと思いますが、ああ、こんな流行歌があったのか、という気がしてきます。そして今様の中に仏の徳を歌うものがものすごく多かったのは、人々の憧れがそこに向けられていたからなのでしょう。たとえば、

仏は常に　いませども
うつつならぬぞ　あはれなる
人の音せぬ　あかつきに
ほのかに夢に　見えたまふ

これなども今様ですから、当時の流行歌というのはかなり質が高いと思います。宗教歌と同時に一方では官能的な情歌もあれば、風景やファッションを歌うものもあり、あるいは庶民大衆の絶望感をよく表している歌もあります。

はかなきこの世を　過ぐすとて
海山《うみやま》稼ぐと　せしほどに
よろずの仏に　疎《うと》まれて
後生《ごしょう》わが身を　いかにせん

「はかなきこの世」とは、流行歌の定番の文句でしょう。「過ぐすとて」は、生き抜いて過ごしていくという意味。「海山稼ぐ」とは、卑しい仕事をたくさんして殺生を重ね、人々の嫌うこともやり、そして何とか人をだまして生きていくさまを歌っています。私のように娯楽小説を書く仕事などは、まさに海山稼ぐ者の一人だと思って、いつも自分に言い聞かせています。

そして「よろずの仏に疎まれて」、疎まれるとは嫌われるという意味で、何とも言えず切ない感じがします。自分はこうして生きていくために卑しいことをし、殺生を重ね、嘘をつきながら暮らしているが、どうしても、地獄には行きたくはない。神や仏の皆様方お願いしますと袖にすがろうとすると、万《よろず》の仏は、お前たちみたいな罪深い人間を救うわけにはいかないといって袂を翻して去り、振り向いてはくれない。

ああ、「後生わが身をいかにせん」、つまり死んだ後は自分たちはどうなることか。そんな不安と絶望感を歌いこんだ痛切な嘆きの歌です。

法然の説法が与えた衝撃

人々のそんな嘆きが氷原のクレバスのように大きく深く口を開けている、その真ん中に法然が投げ込んだのが、「善行も積まず、修行もせず、戒律を守らずに悪を重ねようとも、南無阿弥陀仏《なむあみだぶつ》と念仏さえ高声《こうしょう》に唱えれば、誰もが地獄へ行かずに極楽浄土へと救われる」という話でした。これにはもちろん皆びっくりするし、眉に唾つけたりもするわけです。

なぜ、そんな簡単な説法が人々の心をとらえたのか、私も不思議に思いますが、それほどに人々の絶望感が深かったということでしょう。それと同時に、やはりある種のオーラを持った、法然の人格的魅力だろうと思います。

叡山で知恵一番とうたわれた素晴らしいお坊さんが、出世栄達の道を捨てて都の巷におり自分たちに直接語りかけてくれる。何というありがたいことか。顔かたちは温顔で、声は優しく、誰の心にも響くようにわけ隔てなく気安く問答してくださる——そういう法然であればこそ、念仏さえ唱えれば間違いなく浄土に迎えられる、という言葉が説得力を持ったのだと思います。それ以外に考えようがありません。

法然のいる吉水の草庵には毎日のように人々が集まり、法然と問答を繰り返しました。一方的な説教ではなく問答で、たとえばこんな調子なのです。

「酒は飲んでいいものでしょうか？」

ある人が聞くと、法然は微笑しながら答えます。

「世のならいにてあれば」

つまり、本当は飲まないほうがいいけれども、世間に生きている以上、お付き合いもあるだろうから仕方がないでしょうね、と。またある女性が、

「生理のとき、神社仏閣に詣でるのはいけませんか」

と尋ねると、いとも簡単に、

「いっこうにかまわない」

穢《けが》れのある時期の女性が神社仏閣に参るのはよくないことだと固く信じられていた時代、一切かまわないと言うのは驚きです。あるいは、

「結婚はしたほうがいいでしょうか、しないほうがいいでしょうか」

「念仏する上で妻を娶《めと》って念仏しやすいなら結婚を、一人がよければ独身でいなさい」

こういう問答です。梵語や漢語を駆使した難しいお説教ではなく、微笑を絶やさず、ユーモアをまじえてわかりやすい言葉で、念仏さえ唱えればどんなに罪深い人でも救われる、罪業《ざいごう》深き人々もみな浄土へ迎えられる、と穏やかにいうのです。

絶望の度合いが深ければ深いほど、法然の言葉が身にしみたことでしょう。人々は次第に法然に惹かれ、一人また一人と慕い集まってくるその数は日ごとに増えていき、念仏を唱えることが大きな流行の波となっていくのです。

顕密体制に広がる波紋

その頃、法然の門下生には若くて美しい青年たちがいました。彼らはみな音楽の才能があり、歌がとても上手だったらしい。中でも安楽房遵西《あんらくぼうじゅんさい》という青年僧はたいへんな美形で、彼が歩くと巷の女性がうっとり見とれるくらいだったといいますから、今でいうジャニーズ系アイドルみたいなものでしょうか。

歌といっても当時は念仏ですから、南無阿弥陀仏という語句を「ナー、アー、ムー」という具合にゆるやかに一語一語伸ばして、微妙な節づかいで歌い上げていく引声《いんぜい》念仏というもので、心の中で無言で唱える念仏ではありません。

安楽房遵西の念仏の特徴というのは、普通の人には出せないような高音域まで出せることでした。高い節回しで歌いながら、クライマックスに達すると約束事の節を外れ、自由自在に即興的な節をつけて歌ったともいいます。

それがあまりに美しく見事であったために、念仏会と呼ばれる興行では、女性たちが陶酔して失神する人が続出したそうです。

興行というと何かビジネスめいたイベントを想像しますが、人々が集まって催しをすることを興行といい、もともと仏教的な用語です。

遵西をはじめその仲間の住蓮《じゅうれん》ら歌の上手な念仏僧たちの興行では、まずソロで遵西が歌う。他の僧たちや観衆がそれについて後から歌う。間にまた遵西の声が入って人々がそれに唱和し、という具合に延々とつづくのです。

徹夜で念仏を歌い上げるという陶酔と熱狂は一大ブームを巻き起こし、今日はどこで念仏会がある、と聞くとみんなこぞって出かけて行きました。

そんな念仏会ブームの中、後鳥羽《ごとば》上皇お気に入りの女官二人が、東山での念仏会にこっそり参加したまま帰らなかったという事件が起きます。そればかりか、実は遵西は宮中にまで迎え入れられて女官と夜を過ごしていたとか、虚実まじえた噂とスキャンダルが噴出して、やがて、念仏を禁制せよ、という動きが一気に強まりました。

背景にあるのは既存仏教、いわゆる顕密《けんみつ》体制にとっては新興の念仏が熱病のように流行するのはよろしくないという政治的な思惑《おもわく》です。

何せ、修行はしなくてもいい、戒律は守らなくてもいい、善行も行わなくてもいい、ただ念仏一つでいいというのです。そんな教えが多くの人々に支持されるのは迷惑千万というわけで、そこから念仏禁制という弾圧の波が広がっていくのです。

南都の興福寺や北嶺の延暦寺からの訴えを受け、法然以下弟子たちは自戒の意をしたためた「七か条起請文《きしょうもん》」を延暦寺に送っています。その中では、以後はご指摘のようなことはしません、他宗を非難することもしません、などと言っていますが、おそらく本心はちがったはずです。

仏の教えは歌で広がった

有名な『選択《せんちゃく》本願念仏集』は、法然の口述を弟子たちが書き写したものです。

日本では、語られたものより書かれた文章を尊ぶ傾向が今でも根強くあって、「本書は書き下ろしです」と但書をしたりして大事にしますが、古典はだいたいが語り下ろしなのです。書いたものより言葉で話したものに価値がある、というのが本来の姿なのでしょう。

現在でも、世界にある言語の八割は文字を持たないと聞いたことがあります。アイヌの見事な叙事詩ユーカラにしても、文字ではなく耳から聞いた肉体の記憶として、伝えられてきました。

そもそもあれほど膨大な経典があるというのに、ブッダ自身は一行一文字さえも書いていない。あるときブッダが話をする。それをアーナンダ（阿難）やサーリプッタ（舎利弗）ら弟子たちが必死で暗記して、ときには夜遅くまで仲間たちと集まって話し合うこともあったでしょう。

「今日、ブッダはこう言われたよね」

「いや、それは違う。皮肉な表情で言われたから、それは反語ではないのか」

「なるほどそうか。ではこうしよう」

などと話し合いながら、ブッダの説法をまとめていったのでしょう。この段階では、「まとめる」というのは文字として何かに記録することではなく、口に出して歌にすることでした。

たとえば真宗でも、『正信偈《しょうしんげ》』の出だしのフレーズ、「帰命無量寿如来《きみょうむりょうじゅにょらい》」という語句をリズムをつけて朗誦します。私の両親も真宗の家の出でしたから、幼いころ、時々父母が仏壇の前で唱える『正信偈』を聞いて真似しているうちに意味もわからずおぼえてしまったものでした。

つまり、インドではインドのリズムにしたがって、誰もが覚えやすいメロディをつけ、みんなでその歌詞を覚えた。そうしてブッダの教えは人々に暗記され、伝えられていきました。

やがてブッダが亡くなった後、どのようにしてブッダの教えは人々の間に広がっていったのでしょうか。

弟子たちは人のたくさん集まる市場などへ向かいました。そうしてボアーッと法螺貝《ほらがい》を吹き、太鼓をリズミカルに打ち鳴らす。すると賑やかな広場で、何かあるらしいぞ、と人が集まってきます。法螺を吹くとは、今からお説教が始まるよ、という合図であり、本来、立派なことを言うのが「法螺を吹く」の意味でした。

そして弟子たちがコーラスを始める。もしかしたら何かダンスのような振り付けもあったかもしれない。そこで「ブッダはこうおっしゃった」という内容の歌を歌い、みんなが唱和する。ブッダの教えは彼の死後そんなふうにして広がっていき、それを何百年も後になって文字に記録しようということになっていったのです。

ですから比叡山で音楽や歌が重要視され、念仏が歌われる念仏であったというのも、オーソドックスな仏教の形を継いだものと考えられます。

遵西のような抜群の歌い手を擁する法然門下には、善し悪しは別として聖俗両方から本当に救われたいと心から願い、念仏を唱える信心深い人もいたはずです。しかし、表面的な流行に踊らされて念仏に走る人たちも少なくなかっただろうし、おそらく宮中の女官たちもミーハー的な興味から集まってきたのだと思います。

法然の高弟の中にも、遵西をはじめ軽薄な人気を集めて念仏興行するのはよくない、もっと厳粛で正しい念仏を地道に広げていくべきで、ああいう連中は破門したほうがいい、と法然に勧める者もありました。

それでも法然は結局、遵西のような弟子たちを追放したりはしませんでした。そこは非常に面白いところで、水清きに魚棲《うおす》まず、というように、聖なるものと俗なものをすべて断ち切って切り離し、純粋にしたものは人々の間に広がっていかないのです。

自分の説法だけでは多くの人々を救うことはできない。たとえ遵西の美声に酔うために集まってきたような信心が薄い人でも、百人いれば二人か三人かでも、本当の念仏に出会う者がいるかもしれない。おそらくそれが、法然の本心だったのでしょう。

いずれにしても、歌う念仏、音楽としての念仏、歌声としての念仏運動が、都の惨状の中にじわじわと広がっていきました。教科書などでは、燎原《りょうげん》の火のごとく鎌倉新仏教が広がり時代を揺るがした、みたいに書かれていますが、そんなことはありません。

何といっても比叡山や高野山、奈良の南都六宗《なんとりくしゅう》を中心とした体制的な仏教が、人々の心の中にどっしりと根を下ろしていて、その後もずっと続いていくわけです。その中で少数の人々の過激な動きと見られたのが念仏であり、それゆえ水がしみるように少しずつ秘かに広がったと考えられます。

体制仏教から迫害を受けて

京都の一角に、にわかに登場してきた過激な新興宗教、阿弥陀仏の前にはみな平等という考え方は、体制側、鎮護国家の仏教にとって受け入れがたいものでした。

既成仏教には大きく分けて二つの働きがありました。一つは権力をバックアップするという働き、もう一つは農民をはじめ民衆を制圧するという働きです。

朝廷と体制をしっかり守り、この国が栄えるように祈ることは、官僚としての仏教者の当然の務めであり、その意味で旧仏教は非常に大きな役割を果たしてきました。それ以外にも朝廷の敵に呪詛《じゅそ》、呪いをかけるというのも旧仏教の大事な仕事でした。

敵を呪い殺す、国賊を呪う、外敵を防ぐ。それ以外にも、農民や庶民の中には年貢が未進《みしん》になっていて、滞納したまま「対捍《たいかん》」といって納税を拒否する者もあった。こうした未進や対捍する者たちに呪詛の祈りをすることもありました。

年貢を徴収される側の人たちは、ちゃんと年貢を納めないと宗教界の大きな呪詛によって死後間違いなく地獄へ放り込まれてしまう。そう考えると、当時の庶民大衆は恐ろしくてしかたがなかったのです。

体制を維持すると同時に、勤労大衆がきちんと年貢を納めて夜も昼もしっかり働くように重圧をかけつづける。それに対して、念仏は強い精神的反抗です。階級を無視する危険思想として弾圧の対象になっていくのは当然のことでした。

繰り返された弾圧の後、遵西は鴨川の河原で首を切られて処刑されます。そして法然は「藤井元彦」という俗名で土佐に配流となり、親鸞も越後へ流されました。

ちょっと話がそれますが、最近は親鸞は流刑にあっていないという説も出てきて、私も混乱するばかりです。当然のように語られていたことが否定される時代なのかもしれませんが、流された後の越後での親鸞の暮らしぶりについても百人百説です。農民大衆とともに泥と汗にまみれて営々と働いたという説もその一つですが、私は疑問に思っています。

さて、親鸞はやがて赦免され、京都には戻らずに今度は関東へ向かいます。定説では常陸国、今でいう茨城県のあたりとされていますが、居所についても諸説あります。五来重《ごらいしげる》さんという民俗学者の説によると、親鸞は善光寺聖《ぜんこうじひじり》として関東へ行ったという。七世紀の開創とされる善光寺信仰は関東では古くから広がっていました。善光寺聖というのは高野聖と同じように、善光寺のご利益を人々に語ることで寄進を集めて歩く人々のことです。

彼らは背負った笈《おい》の中から仏像やお経をご開帳して見せて、色々なご利益を説いて語り「どうぞ善光寺にご寄進を」と人々にすすめる。寄進されたうちの何割かが聖の取り分になり、あとは善光寺に納める。人間ですからネコババもあったかもしれませんが、多くの人々が死後の行先に懸命な時代、後世《ごせ》を願ってなけなしのお金を払ったことでしょう。

親鸞はそうした聖の一人だったという説もあれば、ひたすら粗末な陋屋《ろうおく》に閉じこもって『教行信証《きょうぎょうしんしょう》』を書き続けたのだという説もある。あるいは親鸞の話が聞きたくて門前市をなすほどに人が集まってきたとか、様々な言い伝えがあります。

伝説として伝えられる話の中にも、面白いエピソードは山のようにあります。先にふれた佐々木正さんは、人々の願いを反映した伝承を、根拠がないといって頭から無視するのではなく、フォークロアとしてきちんととらえ直すべきではないかと主張されています。私もその姿勢に共感するところがあります。

もともと念仏は旧仏教、顕密体制の中で高野山でも奈良でも天台でも大事にされてきたものです。しかし、その意味合いが違う。

法然の場合は、念仏によって仏をイメージするとか、修行の一環としての念仏ではない、自分自身の信仰告白としての念仏でした。その念仏は仏のほうから与えられた念仏で、信じることによって救われるのだという新しい概念を打ち出した。これは大いなる革命だと思います。その影響を受けつつ、親鸞は師法然とは少し違ったところを歩いていくことになります。

和讃に没頭した晩年

親鸞が関東でどんな生活をしていて、どこに何年間住んでいたのか——その辺りもたくさんの方々が丁寧に調べていますが、なかなか確定的なことは言えません。いずれにせよ関東に長く暮らして、たぶん六十二歳ぐらいで京都へ戻り、それから三十年近く生きて九十歳で亡くなったといわれます。これは驚くべきことですね。

この国には偉大な宗教家は数多く出ていますが、道元が五十三歳、日蓮が六十歳とそこまで長く生きた人はいません。念仏系の人はなぜか長生きで、法然八十歳、蓮如八十五歳。親鸞は九十歳ですから、当時としてはみなたいへんな長命です。何か理由はあるのか、たまたま丈夫だっただけなのか、そこはよくわかりませんが。

京都に行ってからの親鸞は、目立った活動はほとんどしていないようです。終日机に向かって経典を書き写したり、関東の門徒をはじめ色々な人の問いに対して答える手紙を書いたり、訪れる人に何かを語るというだけの生活で、一日中書斎にいてたまに庭に出て歩いたくらいかな、というような生活なのです。

しかし面白いのは、八十歳を過ぎてから実にたくさんの著作を残していることです。大著『教行信証』はあらかた書き終え、校正というか手直しするぐらいでしたが、その他に、八十代も半ばを過ぎてから和讃《わさん》という宗教歌をたくさん書いています。

数にして五百を超えるというから大したものです。現代でも晩年、作詞家としてそれだけ書いた人はあまりいないでしょう。その和讃は、七五調・四行という形式で書かれています。それは親鸞が少年の頃に耳にしたであろう、時代を熱病のように覆った今様のスタイルです。たとえば、

釈迦《しゃか》如来《にょらい》かくれましまして
二千余年《にせんよねん》になりたまふ
正像《しょうぞう》の二時《にじ》はおはりにき
如来《にょらい》の遺弟悲泣《ゆいていひきゅう》せよ

というようにリズムのある七五調です。お釈迦さま入滅《にゅうめつ》からすでに二千余年も経ってしまった。文字通り末法の世だということを悲しむことから歩みだそう、といった意味ですが、評論家の中には、親鸞の残した和讃には情緒がなくて、理屈が述べてあるだけで無味乾燥だとか、作詩の才能がなかったと非難する人も少なくありません。

たしかに私も最初読んだ時は、何だか理屈っぽい歌が多いなと思いましたが、これは実は芝居の台本みたいなもので、節をつけて老若男女多くの人々が集まって歌い上げることを想定しながら書かれているのです。

一見、むずかしそうな和讃ですが、メロディに乗って大勢の人々の声で歌われる時には、何ともいえない情緒が突然わき起こってきます。ですから、和讃をテキストとして活字で読んでは絶対にいけないんですね。あくまで耳で聞いて声にだして歌うべきものでしょう。人々が集まって和讃を歌う、その合唱の渦の中にいて耳にした時にはじめて本当の魅力がわかってくるのだと思います。

親鸞は晩年の最後の最後まで、和讃を作りつづけました。

如来大悲《にょらいだいひ》の恩徳《おんどく》は
身《み》を粉《こ》にしても報《ほう》ずべし
師主知識《ししゅちしき》の恩徳《おんどく》も
骨《ほね》をくだきても謝《しゃ》すべし

阿弥陀如来のご恩には身を粉にする思いで報じよう、釈尊はじめ善き先師の人々のご恩にも骨をくだくような思いで報じよう、と。これも文字だけではやはり情感に欠ける気がしますが、大勢で唱和するとまったく違ってくるのが不思議ですね。

親鸞の和讃も、今様の「仏は常にいませども……」と同じ七五調。これが日本人の心の中にずっと流れ続けて御詠歌になり和讃になり、時代を下っていって端唄《はうた》や小唄になり、流れ続けて最後はどうなるかというと、「♪着てはもらえぬセーターを」「♪ひとり酒場で飲む酒は」のような演歌の七五調として続くのではないでしょうか。

平安末期の今様からずっと流れ続けてきた日本人固有のリズムが、現代の歌謡曲にも生き続けている――これは私の勝手な説ですが、たとえば今様よりも前の五七調は、どちらかというと叙景《じょけい》に向いている気がします。

叙景というのは物語や景色を詠むものです。昔の学生は島崎藤村が若い頃に書いた詩をよく暗記して口で唱えていたものですが、たとえば「小諸《こもろ》なる古城のほとり」「雲白く遊子《ゆうし》悲しむ」などというのは五七調で、声に出すと眼下に千曲《ちくま》川を見下ろす風景が広がってきます。

ひるがえって藤村の歌の中でも、恋を歌ったみずみずしい歌、「まだあげ初めし前髪の」などは不思議と七五調になっている。

五七調は叙景に、七五調は叙情に向いているリズムだといえば、偏見でしょうか。とりあえず親鸞が理屈っぽい歌を理屈っぽいままに書くのではなく、一世を風靡《ふうび》した今様、流行歌のリズムの七五調を採用し、数多く和讃を作ったということは非常に意味のあることだと考えています。

人間・親鸞を想う

親鸞は京都で九十歳の生涯を終えました。生涯を終える時の言葉として有名なのは、「それがし閉眼《へいがん》せば賀茂河《かもがわ》にいれて魚《うお》に与ふべし」という言葉ですね。

自分が死んだら、遺体は葬式などせずに鴨川の水に流して魚の餌にせよ、というのです。でも実際にはそうはいかなかったことは、御存じの通りです。尊敬する身内も弟子たちも、そこまで割り切れないのは、人情としてなかなか難しいところでしょう。

ブッダも亡くなる時は食中毒で行き倒れになって、クシナガラの林の中で死にました。私も前にその場に行ったことがありますが、何の変哲もない雑木林で、ここで本当にブッダが亡くなったのかと思ったものです。

ブッダは亡くなる際に弟子たちに、君たちは葬儀に関わってはならない、と言います。葬式というのは俗の世界のものであって、僧侶のするべきことではないということを言ったはずが、結局はいろんな人たちが集まってきて弔いをし、死後は弟子たちの間で遺骨の分配争いが起こりました。

親鸞の場合も、やはり川に流してはもらえなかった。遺骨は分配されて、それをもとにやがて大谷に親鸞の墓が作られ、大谷廟堂となり、二代三代と時代が移っていく中でそこに寺ができ、全国の真宗の門徒の中心になっていった歴史があります。

親鸞が遺した言葉に、「一人居て喜ばは二人と思うべし、二人居て喜ばは三人と思うべし、その一人は親鸞なり」というのがあります。あまり知られていませんが、自分はいつもあなたたちの傍にいるよ、というほどの意味でしょう。

厳しい面差し、鋭利な論理、透徹した知性のような面ばかりが力説される親鸞ですが、この言葉は人間の情というものをつよく感じさせます。

『口伝鈔《くでんしょう》』という書物があって、これは先にふれた覚如という親鸞の女系の曾孫が、親鸞の生前の思い出話を聞き集めて作ったものです。身内が作った本だから身びいきの本だろう、というので学者さんはあまり重要視しませんが、やはり身近に接した人にしかわからないようないい話も結構あるのです。

たとえば、親鸞に子どもの頃膝に抱かれたり背負われたりしてかわいがられた、孫の如信《にょしん》のような人の思い出話が出てきます。その中から一つ、私がかいつまんで脚色して話をしてみます。

——ある時、念仏者の家で家族が亡くなり、家族や親族が集まってきました。身も世もあらぬという風情でみな嘆き悲しんでいるところに、念仏仲間の先達がやってきて家族たちを叱ります。

「あなたがたは、なぜ泣いたり叫んだりしているのか。亡くなられた方は生前、信心決《けつ》定《じょう》した立派な念仏者であられた。必ず往生して浄土へ迎えられたのだから、喜ばなくてはならない。何を悲しんでいるのだ」

と厳しくたしなめます。その話を伝え聞いた親鸞はこう言います。

「それはよくない。肉親の死に際して、人が嘆いたり悲しんだりするのは当然のことだろう。その人は本当の弥陀の本願というものがわかっていないのだ。煩悩を抱えた人間だからこそ、本願の正機《しょうき》ではないか」

それに続けて「忘憂《ぼうゆう》」という話をします。忘憂というのは中国の酒の古名で、陶淵明《とうえんめい》の詩などにも出てくるそうです。親鸞は仏典にも非常に詳しかったけれども、海外つまり中国という先進国の情報にも鋭敏な感覚を持っていました。

関東にいた時も、鹿島神宮などで新しい書物をよく読んでいたし、中国の故事にも通じた大知識人ですから、「忘憂」という言葉も知っていたと見えて、こう言われたという。

「酒はこれ忘憂の名あり。これを勧めて、笑ふほどに慰めて去るべし。さてこそ弔ひたるにてあれ」

これを作り話にたとえると、たとえば夫が亡くなって未亡人が嘆き悲しんでいる。そういう時は浄土へ行かれたのだから喜べ、なんて言ってはいけない。お通夜なら酒の一献も出る。それを勧めて故人の生前の話を、そうかそうかとうなずきながら聞くがよい。やがてお酒も回って気持ちが落ち着いてくれば、冗談や泣き笑い、思い出話の一つも出てくるだろう。そこまでお慰めしてから、去るべし。それこそが弔いというものではないか……。

論理的で、厳然とした親鸞とはまた別の、じつに人間味ある温かい表情がうかがえる気がして、私はこの忘憂の章というのが非常に好きですね。忘憂とは非常にいい言葉だと思いますし、聞くところでは、忘憂という名のお酒もあるらしい。

それはともかく、最初に申し上げたように、「しかるがゆえに、なぜゆえに」と一言一言、論理的に詰めていく冷徹この上ない親鸞と、別の一面では、今様の七五調の歌詞をそのまま和讃に使うような、どこか古い懐メロを懐かしむような親鸞。そして、忘憂という言葉を口にする親鸞がいる。そこからここまでの距離感というのは、大変に幅が広いのです。

私たちは試行錯誤しながら、今にいたるも親鸞の姿を模索し続けています。これだけ親鸞伝の類いがたくさん出るのは、親鸞は自分のことを書かなかったからでもありますし、いかようにも想像できるからこそさまざまな形で表現され、私たちはその中に迷い込んでいくのかもしれません。

初回ということで思いつくままましゃべり過ぎ、まとまらない話になって申し訳ありませんが、これも書き下ろしの文章ではない、面と向かった即興の話ですから、間違いがあったらお許しいただきたいと思います。ご静聴ありがとうございました。

（二〇一五・一・二十三）

第二講 親鸞とは何者か――「悪」を見つめて

今日は新橋で吉川英治文学賞の選考会がありまして、それがおよそ片付いてから急いで出てきたのですが、月末金曜日の給料日とあって、新宿まですごい渋滞でした。でも、出版社が手配してくれた運転手さんが、いつもは週刊誌でネタを追いかけたりする専門のベテランドライバーだそうで超快速で飛ばしてまにあいました。久しぶりでレースみたいな感覚を味わいましたね。

吉川英治という名を聞くと古風な感じがしますが、やはり大したものですね。司馬遼太郎さんにせよ、松本清張さんにせよ、お亡くなりになって何年たっても書店にずらりと本が並んでいる。教科書に載るような古典と違って直接の読者が現場にいて、吉川英治さんもこれだけ長く読み継がれているというのは、大変なことだと思います。

いま、ふと思い出した話があります。ある仏教系大学でのことです。卒論を見る教授がたは原稿用紙にして何十枚、何百枚という量の学生の論文をいくつも読むわけですが、ある時、その中に題名を見て「おや？」と思う論文があったそうです。

題名は「親鸞と尺八」。今までこんな研究は聞いたことがないぞ、と威儀を正して読み始めました。第一部は親鸞の伝記が色々な参考資料を引きながら書いてあった。第二部は、尺八という楽器が日本にたどりついてからの歴史が具体的に記してあった。そして最後の結論の部分、「このように親鸞と尺八について徹底的に研究してみた結果、両者には何の関係もないことが判明した」という。何だこれは？と思いながらも、まあ確かにその通りだ、と学生のアイデアに感心して合格にしたという話。

まあ、私がここでする雑談もその程度のものではないかと思いますが、今日は当時の新しい宗教、易行《いぎょう》念仏がどういう形で人々の間に広がっていったか、浄土宗と真宗、法然と親鸞、念仏の思想と差別の問題などについて、想像をまじえて話をしてみたいと思います。

金子みすゞと橘曙覧のあいだで

親鸞の近代的、現代的な解釈としてよく言われるのは、人間が持っている悪についてもっとも真摯に深く問いかけた日本人の宗教者だということでしょう。

もちろん、歴史を振り返れば「悪」については様々に考えられてきました。親鸞といえばすぐに「悪人正機《あくにんしょうき》」といわれるように、法然が出てくる前から仏教の中にずっと流れていた悪人正機説をさらに突き詰めて、深めていったとされています。しかも親鸞は悩みの天才と言いますか、悩みに悩み抜いて、それも常人にはできないほど深く大きく悩む。そして親鸞は自分は悪人であると自覚し、それでも救われるというのです。

罪の意識をきちんと持ちなさい、自分が罪人であるとしっかり自覚しなさい、というのは宗教の第一歩ですが、それと同じように、真宗では、己の中の悪をしっかりと自覚せよといいます。

けれども、そう言われると、反感を持つ人もいることでしょう。

「いや、自分はこれまでそれなりに世のため人のため、できるだけ人間らしく生きてきたつもりなのに、この体と心がそんなに汚れているのか」

というように少々むっとしてしまう。悪人正機——やっぱりあんたは悪人で、それを深く意識せよ——そういわれると私なども、「それはよくわかってますけど、他人に言われることでもありません」みたいな気がしてしまうのです。

この人間の悪というものをどうとらえていったらいいのでしょうか。

先日、京都大学総長になられた山極寿一《やまぎわじゅいち》さんというゴリラの研究家と話をする機会がありました。ゴリラという動物と比べても、ヒトという動物がどれほどこの地球環境あるいは周囲の自然を汚し、かつ破壊してきたか、計りしれないものがあるという。

つまり、人間というのは本来的にその種の保存のために自然を、改造というような言葉ではとてもすまないくらいに、侵し続けているのです。大気から植物まで、ありとあらゆるものに対して実にひどい仕打ちをし続けてきて現代にいたっています。

他の生物に比べて、人類が地球という自分たちのふるさとに対して、進歩なり開発という名のもとにどれほどのことをしてきたか。それを考えると、人類とはそもそも深い罪を背負っているのではないか。絶対悪の要素があるのではないか。そしてその中の一員である自分にも存在悪というものがあるだろう。ふとそう思ってしまいます。

けれども、そんなふうに自分は悪を抱えた存在であると自覚して生きていくのは、なかなか難しいことです。

童謡詩人の金子みすゞの「こだまでしょうか、いいえ、誰でも」は、3・11の大震災の時にテレビでくりかえし流されました。はじめのうちは広告会社のコピーかと思った人も多かったでしょうが、やがて金子みすゞの作品として有名になりました。

下関に住んでいた金子みすゞは、大正の末から昭和の初めにかけて、天才童謡詩人として非常に注目されました。今では何冊も詩集が出ていますし、地元に行くと、みすゞ通りから、みすゞ公園まで町おこしにも一役買っていますが、かつては岩波文庫から出ている『日本童謡集』ぐらいのものでした。

その中に、「大漁」という有名な作品があります。ご存じの方もおられるかもしれませんが、その背景を、詩の言葉ではなくて紙芝居ふうに説明してみます。

――港は大変な賑わいだ。船が次々と大漁旗を掲げながら帰港してくる。どの船も銀鱗きらめく魚を満載して、みんなが大漁を祝っている。地元の人も待ちかねて、近所の子どもたちや野良犬まで集まってきて、まるで祭りのような賑わいである。

風にはためく大漁旗と青空。魚たちのはねる銀鱗。それを待つ町の人たちの賑わい。そういう活気のある風景が想像されますが、後段にきて、

「浜は祭りの　ようだけど　海の中では　何万の　鰯《いわし》のとむらい　するだろう」

と結ばれています。人間社会というのはそうやって大漁を喜び、実際に活気あふれる健康な生き生きした風景である。だけど深い海の底では、捕られていった魚たちの哀し

い弔いが行われている。読むと何かこう非常に痛い詩なのです。

金子みすゞは他の作品でも、お魚はおいしい、だけど私に食べられるお魚がかわいそう、みたいなことをつづっていますが、結局この人は不幸な生涯を送って、作品を評価されつつも、最後は若くして自ら命を絶ちました。

色々と家庭の事情もあったようですが、この作品のように、これほど繊細に自分の存在悪というものを痛感し続けて生きていくのは大変なことでしょう。

たとえば札幌あたりに行って蟹料理の店で、「いやあ、やっぱり地元の蟹はうまいな」なんて舌つづみを打っている時に、「でも、この蟹たちの親戚は今頃……」なんてことを考えていたら、おいしいものもおいしいと言えなくなってしまいます。そこは目をつぶって、「いや、うまい、うまい」と食べたりするわけですね。

私ども人間は、生きていく上で、いつも他の生物を犠牲にしなければならない。

それははっきりしていることで、その犠牲は一つの生命の循環だと割り切ってしまうのは簡単ですが、なかなか難しいところです。

ではたとえば稲は人に食べられようとして穂をつけるのか。柿の実や果物は人に食べられようとして実をつけるのか？　こう問うてみますと、どうも何か得体の知れない厄介なものにぶつかって考え込んだりします。

人間は存在するだけで、食物として他の命を殺生することで生きなければならない。それを宗教家は殺生ではなく「いただく」のだと表現しますけれど、それでも金子みすゞのような心の痛みを感じる人がいるのは然るべきことだろうと思うのです。

しかし一方では、もっと素朴に生きることを楽しむという側面もあるから、私たちは生きていけるのかもしれない。

幕末の頃、福井に橘曙覧《たちばなのあけみ》という学者がいました。塾で生計を立てていた貧乏学者でしたが、たくさんの歌を書いたことで知られています。その中に俗に「たのしみシリーズ」というのがあって、こういうのがあります。

「たのしみは　まれに魚烹《に》て　児等《こら》皆が　うましうましと　いひて食ふ時」

貧しい家庭にとっては、新鮮な魚は贅沢品です。しょっちゅう生きのいい魚を買ってきて食卓にのせることはできません。たまたま月謝が入ったか何かで、お父さんが今日は生きのいい魚を買ってきたぞ、というわけでそれをお母さんが焼いたり煮たりして食卓に出します。

すると子どもたちがそれを囲んで、「お魚って、おいしいね」なんて言いながら笑顔で箸をとる。よろこんで家族でそのお魚を食べる。橘曙覧はそうした風景を生きがいの一つとして歌に詠んでいるのです。「まれに」というところがちょっと切ないですが、父親の慈愛に満ちた眼差しというのが感じられて、心が温まってくるような歌です。

この「うましうましといひて食ふ」子どもらの笑顔と、金子みすゞの「こうして私に食べられる。ほんとに魚はかわいそう」という痛みの、気の遠くなるような狭間で、私たちは日々を生きているわけですね。

生きることのそうした一面、つまり、人間は必然的に悪を抱えた存在であるということを私たちは忘れるべきではない。真宗の悪人正機はそう考えるわけです。

親鸞の思想の中の「悪人」を何かどす黒い、嫌なものとしてとらえるのではなくて、私たちが否応なしに背負わなければいけない、人間存在の条件として考えてみることです。生きていく上で私たちはものを食べなきゃいけない。お米にしてもそうです。

明治以降、篤農家《とくのう》といわれる人たちは、一反歩当たりこれだけの量がとれたなどといって戦争中は表彰されたりしました。大地の持っている生産力に肥料など人工的な刺激を与えて、生産量を二倍、三倍にすることが素晴らしいことだと国から褒賞された時代があった。ただ、これだって考え方によっては大地を搾取しているともいえます。

親鸞にいわせれば、農民も、海に網を引き、川にすなどりをし、山に猟をして獣を殺す者と同じことなんだということです。

私たちは悪人正機の悪人という言葉に対して、少し認識を変えたほうがいいのかもしれません。すべて人間は仕方なく背負っているものがある。悲しいけれども、それをしなければ生きていけない、そのことを当たり前と考えずに存在悪として受けとめる。

だから親鸞のいう悪人とは、人はすべて悪人であるという意味での悪人であり、いい人と悪い人がいるという意味ではない。人間は全部同じ条件を背後にせおって、そして悪人として日々生きているのだ、そのことを自覚せよ、と。

しかし、おのれの悪を自覚せよ、といわれるとどんどん気持ちが萎えてくるところがある。結局、金子みすゞはそれに耐えきれなかったんじゃないでしょうか。

つまり、私たちは半分金子みすゞであり、半分は橘曙覧でもあるということです。魚を食べておいしいと喜ぶことを生の喜びとして片方では受け入れつつ、片方では海の底では鰯が葬式をしているだろうと考える。その両方の気持ちを併せ持って、生きていかなければならない。非常に難しい、あわいのところで生きる人間という存在を考えざるを得ないのです。

われわれはすべて「屠沽の下類」

親鸞の生きた当時は、生命を奪う、殺生をこととする人々はとりわけ蔑視されるところがありました。これは無理からぬことで、仏教の戒律は僧侶にはたくさんありますが、在家の俗人には主に五戒というかたちで伝えられています。

殺すな、盗むな、淫するな、嘘をつくな、酒を飲むな、というやさしいことわりですが、なかでも殺生というのは非常に深い罪であると仏教は古くから教えてきました。

しかし、人間は他の生きものを殺生しなければ生きてはいけない存在です。そしてまた、殺生を生業とする人々もこの世界にたくさんいます。

特に古代から中世においては、そういう人々の層が非常に厚くありました。海や川に網を引き魚をすなどる者、山に獣を追い、あるいは鳥を捕らえる者。あるいは田畑を耕す者も虫や害鳥を殺し、そして大地からエネルギーを取り作物を刈りとる。それもまた他の生きものの命を損ねることでしょう。

そのように殺生を直接の生業として生きる人たちだけが悪を抱えているのではなくて、商人のように生産せずに言葉巧みに利潤を得る者も、間接的には同じなのだということを親鸞は言っているのです。

「屠沽《とこ》の下類《げるい》」という表現がでてきます。我々はすべて屠沽の下類である、と。これは当時においてはものすごい宣言です。上から下まで、生きている人々はすべて実は殺生をこととしている。他の人の殺生の結果をいただくことも、またそれを売り買いすることも同じである。そして田畑を耕すことは良民の仕事とされているが、それも結局同じことなのだというのです。

我々はすべて殺生をする。戒を破りつつ生きなければならない存在である。お百姓も商人も猟師もみんな同じ者である、と親鸞ははっきり言い切っています。

当時、殺生ということで最も罪深いとされたのは、後に武士と呼ばれる人々でした。要するに武装集団であり、人を殺害することを専業とし、そのために技術を鍛え、武具を揃え、事あるごとに人を殺傷することを職業とする。そういう人々が次第にグループをなし、あちこちの政治権力の傭兵となり、やがては武士階級を形成していきます。

屠沽の下類といわれる人々の中でも、牛や馬を殺したり、兵牛馬を扱ったり、あるいは猟をしたりする人たちより、人間同士で殺生するという意味では、はるかに深い罪業《ざいごう》を抱えた悪の権化であったと考えてもいいと思います。

当然ながら、彼らはそのことを非常に深く心に病んでいました。つまり、前にお話した「地獄」が単なるイメージではなくて、自分たちの後生そのものになってきます。死んだら人はどこへ行くか、現代のように科学知識もなく、死んでふたたび別の世界に生まれるということが、子どもの時から常識として頭の中に入っている時代です。その世界が自分たちの場合は地獄でしかないというのは実にきつい認識であり、夜毎《よごと》悪夢にうなされたとしても不思議ではありません。

体制に寄らずアウトカーストの中へ

顕密仏教、古代仏教、体制仏教などいろいろな言い方をされますが、それまでの仏教は奈良、比叡山、高野山を含めて堂々たる教団グループを成しています。その基本はやはり国家鎮護であり、それが既存仏教の大きな役割でした。

六世紀に仏教が日本に伝わってきた後、東大寺など様々なお寺が建てられましたが、これは国家鎮護よりひとつ手前の外交政策として、国の国力を象徴するという政治的な要請から作られたものでした。

やがてそこに専業の僧侶がいわば公務員として任命され、朝廷の永続と国家鎮護を祈ることが仕事になっていきます。干ばつや冷害、長雨などの災いがなく、世の中で内乱が起こらず、できるだけ平穏に過ごせるようにという発想のもとで、仏教は国家体制の一環としてずっと続いてきました。

そこに平安の中頃、鎌倉時代が始まる辺りから、官の認めた公務員としての僧侶ではなく、自分で僧だと名乗り、墨染めの衣を着て世の中を勝手に移動放浪し、物乞いをする人たちが出てきました。これを聖《ひじり》とか私度僧《しどそう》といいます。いうなれば勝手に僧になった連中のことですから、濫僧《ろうそう》と呼んで取り締まりの対象となりました。

正式の僧は年分度者《ねんぶんどしゃ》といって、かつての高等文官試験とか、今でいう司法試験や国家公務員の上級試験などよりはるかに難しい試験をパスした年に数人ぐらいだけがなれる。彼らは国から認められた僧侶として、出世の階段を上がっていきました。

しかし、それとは無関係に、自分は世を捨てた仏に仕《つか》える身だと称する私度僧は、他人の施しを当てにして生きていくしかありません。あなたがたの後生を祈るために自分は僧になった、地獄に行かないように祈ってあげよう、だからお布施を、という話です。

余談ながら先日、インターネット上でお金をくださいといった人が取り調べを受けたという話を聞いて驚きました。明治以来、物乞いをすることは刑法上の罪にあたるそうなのです。つまり、傷痍《しょうい》軍人が歌を歌ってカンパを求める、芸をやって何かもらうのは商行為として認められても、何もせず、ただくださいと言うのがいけないというわけでしょうか。

巷《ちまた》の聖たちはうろ覚えでも一応は経文か何かを唱えて、お米やわずかなお金をもらいます。人は未来なり次の世界、死んだ後の幸福を考えるものですから、そういう時はちょっとお布施ぐらいしないと自分の後生が悪いんじゃないか、という強迫観念があって人はものを恵む。やがてそういう聖たちがどんどん増えてきます。

その中で、念仏を唱えるだけで人間は救われる、と言い出した人がいました。市井の聖として京都の一角に草庵を構えた法然です。

比叡山で修行していた頃は「知恵第一の法然房」と呼ばれるぐらいに学問があり、頭が切れる上にたいへんな人格者だという。それほど偉いお坊さんが比叡山をおりて、巷の人々に後生について積極的に説き始めたわけです。

その中身はというと、念仏すれば人は必ず地獄へ行かずにすむ、という話です。これは当時の人たちにとっては眉唾でしょうし、既存の体制仏教の側からすれば、とんでもない非常識なことを言うやつだ、という反応だったにちがいありません。

このことは前回、地獄の話でもいたしましたが、もっと話を進めると、念仏の教えはとりわけ殺生を生業とする、世の中で賤業として卑しまれていた人たちにとって、強く共感するところがありました。

制度的なものではないにせよ、当時は非人という言葉があったように、世俗の普通の市民たちより一段低く見られていた人々がいました。同じ場所に固まって暮らし、さまざまな差別を受けながら、自分たちは決して救われないと頭から決め込んでいて、周りからもそう考えられていたのです。

その他にも刑を執行する処刑人、獄吏として働く人、牛飼いや馬飼い、馬借《ばしゃく》、車借《しゃしゃく》といった交通労働者たちも引っくるめて非人として扱われていた時代です。彼らは着ているものから髪型まで、格好からして違っていました。

とりわけ違ったのは髪型でした。普通の市民はみなもとどりを結っていて、博打場で負けて借金がかさんで払えなくなって下着まで取られて裸で放り出されても、もとどりだけは切らなかったといいます。それくらい大事なもの、いわば人間の印としてもとどりがあったわけです。

しかし、非人階級とされた人たちは「かぶろ頭」でした。もとどりを結わず、長髪あるいは総髪《そうはつ》、束《たば》ね髪、あるいは髪ぼうぼうの生え放題の頭のことです。子どもたちがしていた、大人になるまで前髪を切って髪を下げる断髪みたいなものと似ていますね。

決してもとどりを結わない髪型をしていることで一目瞭然、非人階級として周りから認められ、また本人たちも堂々とその格好をしていた。かぶろというのは「禿（とく）」、俗に禿げ（はげ）とも読みますが、「かぶろ頭」は当時のアウトカーストの象徴でもありました。

親鸞は、後に弾圧にあって自分が越後へ流される際に、自ら「愚禿《ぐとく》親鸞」と名乗っています。それを、ハゲ坊主のように理解する人もいますが、私の解釈はそうではありません。私はこの禿というのは禿げるということではなくて、「かぶろ頭」のことだと考えています。つまり、親鸞が自分は「禿」であると宣言したのは、自分はかぶろの一味であるということだったのではないでしょうか。

また、親鸞は「非僧非俗」と宣言しています。僧にあらず、俗にあらず。これはどういうことかというとハーフ・ハーフ、つまり半分はお坊さんで、半分は市民であるという意味にもとれるし、そのどちらでもないという話にも聞こえます。流罪になって俗名に戻されたからだという見方もあります。

つまり、僧と俗がある。僧侶がいて俗がある。俗は俗世間という意味ですから、世間の人々ということです。ところが、もう一つその先にいわゆる差別された階層があり、その人たちは市民のうちには入らない。良民ではない。非人と呼ばれる人たちの世界があり、アウトサイダーがいるわけです。

親鸞は自ら心の中で、自分はそこのアウトカーストであり、良民でもなく柳田国男のいう常民でもなく、僧侶でもないし、まして貴族でもないと宣言したのではないか。

では自分はどこにいるのか。第三階級というとおかしな言い方ですが、自ら世間から差別されている禿の世界、かぶろ頭の世界に自分は身を置くという宣言ではなかったかという気がするのです。

私の解釈を学者のかたにお話したところ、「それはどうかなあ」と首をかしげられるかたと、「うん、それは面白いけど、やはりどうかな」と否定的に見られるかたがおられます。ですが、私は勝手にそう考えていますけど。

つまり何を申し上げたいかと言うと、最初に念仏の教えが深く広がっていった先はどこかということなのです。

平安末期から鎌倉の初期にかけて、最も深い罪業意識を心に抱いていた人々の間に、念仏さえ唱えれば救われるという法然の易行《いぎょう》念仏の思想が深く入りこんでいく。法然から親鸞へと続く真宗の系譜の中では、積極的にそういう層へ向けて布教といいますか、伝道を続けていった。その情況は明らかだろうと思うのです。

ご存じのように、水平社の差別に対する長い長い戦いが実を結んで、現在はかなりの程度まで差別に対する観念も改まり、社会的な意味での改善もあります。

それでも日本人の中には、かつて島崎藤村の小説『破戒』に描かれたような感情が根強く残っていて、それは百年や二百年ぐらいで完全に解消するものだろうか、と思うことがあります。

しかし、法然や、親鸞、蓮如はじめ真宗の念仏者たちは積極的にそういう被差別の世界に向けて伝道と布教を続けていきました。蓮如なども、近江の琵琶湖の辺りで海賊衆といわれて恐れられ、ある意味ではアウトサイダーとして、武士よりもさらに悪人と見られていた人々と共に積極的に念仏を語ってもきました。そういう歴史があるのです。

これは俗にいわれることで正確ではありませんが、日本の多くの被差別部落の中では真宗の寺院が圧倒的に多いそうです。曹洞宗や臨済宗、あるいは天台宗や真言宗の寺もあるでしょうが、基本的に浄土真宗のお寺が多い。

たとえば悪所《あくしょ》と呼ばれた吉原周辺を取りまくお寺にも浄土真宗が多いという。投げ込み寺などといわれて、他の宗派では受け入れてくれない身元知れずの遊女たちの亡骸《なきがら》でも、差別なく受け入れてくれるからなのでしょう。

江戸時代、北陸のほうに三国湊《みくにみなと》という有名な商業港があって、そこは花街としても栄えたところです。そこに哥川《かせん》の寺と俗にいわれるお寺があります。哥川という遊女が大変和歌や俳句をよくして、加賀千代女《かがのちよじょ》と並んでその名前は土地にずっと残っていますが、その哥川の亡骸、あるいはその土地の遊女たちも受け入れたお寺というのは、浄土真宗のお寺でした。

かつて宗門の内部で、そうしたお寺さんに対して非常に差別的な言い方をしたことがあったと聞きますが、真宗というのは基本的に圧迫されている人々、そして差別されている人々を背景として、むしろそれらの人々に対して積極的に語りかけ続けてきました。

自分の生きている状態について深い悲しみを抱き、現状から何とか脱却しようとしている人々にとって一つの光明として真宗の念仏があったのです。

かつて三國連太郎さんと対談をした際、『白い道』という親鸞の小説まで書かれたかただけあって、そのことを繰り返し話しておられました。

私たちは宗教というものを何か非常に高いところにある、高級なものとして考えがちですが、少なくとも日本の仏教の中では浄土系、念仏系の布教は、社会の最底辺に対する非常に大きな力としてはたらいてきました。そういう歴史を忘れないようにしたいと思います。

寺内町というアジールの生成

さて皆さんご存じのように、城下町というのは姫路城とか熊本城とか名古屋城とか、どこも立派な天守閣とお城があって、その周りに石垣とお堀がめぐり、外側へと広がっていきます。お侍の中で主だった人たちから城に近いところに住み、そこから町が広がっていく。これが城下町です。

城下町と別に、この国には寺内町が実は非常に多く存在していました。寺内町（じないちょう）と呼ぶ学者もいますが、私は城下町（じょうかまち）というからには寺内町（じないまち）といったほうがしっくり来るように思います。北前船（きたまえせん）よりも北前船（きたまえぶね）のほうがいいというのと同じです。

浄土真宗のお寺は他の宗派とは少し違っていて、寺内町といわれる町の生成と発展に非常に深く寄与しました。寺内町はお寺が中心にあり、お寺を建てる時にたくさんの人とお金が必要になります。まず石垣を積むとか土台を作る時は、石工《いしく》といわれる人々が欠かせません。

石工というのは、時代劇や韓国ドラマなどでときどき見られるように、何か罪を犯したり、捕虜になったり、あるいは流刑にあったりした人たちが、石切り場でひたすら石を切る作業に従事させられます。それが最も厳しく、かつ過酷な仕事だからです。

イエス・キリストは大工の子ということになっていますが、本田哲郎さんの説によると、大工ではなくて石工、ひたすらブロックを刻む石切り職人だったと考えられるそうです。

石工の他にも、家の結構を作り上げたり、寺の営繕や建物の修繕をしたりする大工、瓦を焼く職人、欄間《らんま》を作ったり仏像を彫ったりする仏具師、土を盛り、山から植物を持ってきて庭木を植える山水河原者《せんずいかわらもの》などと呼ばれた庭師、そのほか諸々の職人さんたちが、一つの寺を造るためには多数揃わなくてはなりません。

そもそもお寺を、それも巨大な寺を造るのはケインズが論じたような公共事業の一種でした。大寺を造ることで巷の景気を刺激し、たくさんの労働力を吸収して、経済を動かす。八世紀に聖武天皇が奈良の大仏を造ったのも、公共投資という意味合いが大きかったのではないか。

親鸞その人は、大きな寺など必要ない、むしろ普通の民家より少し軒が高いぐらいの道場でいいのだという考えでした。それが大きく変わったのは蓮如の時代です。

蓮如が京都の山科に本願寺を造った時、その寺社たるや大名屋敷よりも豪壮だといわれ、「寺中広大無辺、荘厳只《ただ》仏国の如し」、つまり極楽浄土さながらにきらびやかだったそうです。当然、そこを目指して膨大な人々が集まってきたことでしょう。

ありとあらゆる仕事があり、職人たちがたくさん集まってくれれば、彼らが寝泊まりする宿舎が寺の周りにできてきます。

やがて寺が完成すると、完成の披露には多くの人々が全国から集まってくる。その人たちはお金というか寸志を携えてくるだけではなくて、地元の名産品などを背負ってやってくる。たとえば新潟あたりなら鮭の干物とか、あるいは衣類の原料になる麻だとか、富山なら薬の原料やお米を持ってくる人もいたかもしれません。

とにかく様々な人たちが寺を中心にして参集してきて、参詣する人たちはそこで売買なり物々交換したりして旅費を作ります。そして地方から集まってきて参詣する人々を相手にする宿舎、「多屋」(たや、または他屋・他家)ができる。多屋というのは旅館というほど大げさなものではなくて、今でいうビジネスホテルみたいな感じだろうと思います。

寺の周辺に多屋がたくさんできて、多くの団体客、参詣客を集めるようになると、その中で織物や薬を売買するような商人たちも集まってきます。

こうして寺を中心にして職人さんたちの町ができ、その周りに一般市民の町ができ、訪れてくる人たちの町ができる。住み着く人たちが増えれば家が建ち、お寺の門前町というだけではなくて、お寺の周辺全体を取り囲んで一つの町ができて、経済圏ができてきます。

やがてその外側に土塁《どるい》を設け、そして堀を掘っていく。

中世以後の戦国時代には山賊や盗賊、あるいは様々な支配階級が武力を持って町に攻め込んでくることがあります。武力侵攻から町を守るべく、城では自衛のために壁を築くなどして要塞化をはかりますが、それとは目的が違うのです。

城下町では城があって、石垣があって、堀があって、その外に人々は暮らしている。いったん戦火が近づいてくると、水攻め火攻めにあうこともある。町の人たちは大八車に荷物を積み込んで町の外へと避難し、町は空っぽになります。その町を焼いたり水浸しにしたりするのは、攻め手の戦術です。つまり、城は家臣とその国の中枢を守るためのもっとも大事な機構と考えられています。

しかし、寺内町はその逆です。寺を中心にして人々の生活圏、住居、さまざまな機構が存在し、その外側を塀で囲み、土塁で囲み、溝を掘り、見張り番を置き、そして門を構え、よそから山賊などが攻めてきても自衛し、追っ払う場所を造るのです。

その中では、かっての荘園のように、「自由の検断《けんだん》」といって、ある程度独立した司法権があります。場合によっては犯罪者を匿《かくま》うこともあれば、暴力亭主から逃げ出した女房の駆け込み寺にもなる。あるいはまた楽市楽座《らくいちらくざ》のように、そこで行われる売買に関しては、税金を取られないという免税措置もある。そこは宗教原則によって守られた、ある種のアジール（聖域）です。そうして寺内町はどんどん発展していきました。

寺が焼ける時は町も焼けるぞ、町が焼ける時は寺も失われるぞ、寺内町の精神は一つだ、ということです。

乱世のさなか、信仰によって結ばれた人々の運命共同体としての寺内町は、蓮如の時代に、吉崎に大きな寺内町ができたのをきっかけに全国に広がりました。今でも寺内町の跡を訪ねていけば、当時の様子がうかがわれます。山科はもちろん、富田林《とんだばやし》のほうにも、あっちにもこっちにもあるという具合です。

そして、それらの寺内町が真宗あるいは念仏宗である、いわゆる「御同朋《おんどうぼう》」であるという一点でもって、連合していました。点と線とを結ぶ情報の交換もできるし、物資の交流もできます。

石山本願寺が織田信長のような戦国の英雄と戦って、十年あまり雌雄が決しないほどに踏ん張って粘ることができたのは、全国各地に張り巡らされた寺内町のネットワークのおかげなのです。特に瀬戸内あたりの水軍《すいぐん》、あるいは和歌山の雑賀衆《さいがしゅう》など、戦に長じた人々からの情報の援助、経済的援助、また物資や食料の援助が絶え間なく続いたことを示す一つの例だと思います。

信長というのは非常に頭のいい人でしたが、天下統一の志を遂げようとするとき、最も厄介で邪魔で恐ろしかったのは、各地の大名ではなかった。信長にとっては寺内町の連合、地下茎のような一向宗《いっこうしゅう》の全国ネットワークだったと思いますね。

それだけに、信長の一向念仏者に対する弾圧は酸鼻を極めました。雑草どころか、一木一草たりとも残さない、というくらいに殺し尽くす。子どもも赤ん坊も、老人も女も例外なく、捕虜にすることもなく全部殺してしまいます。その殺し方も徹底していたのは、一向宗の寺内町のネットワークを天下統一の一大障害と判断していたからです。

宗教都市・大坂の御堂筋

もとより親鸞の時代には、そういう形で大きな寺を造ることはありませんでした。親鸞が亡くなった後、その墓所が少しずつ霊廟《れいびょう》として整えられ、それを親鸞の直系の人たちが墓守として守っていったのが本願寺の歴史です。

お寺の歴史は別として、関東その他の全国あちこちで、念仏をすれば悪人も救われるという考え方が、その当時は蔑視された人々を巻き込んで広がっていった歴史がある。それは天台宗、曹洞宗、真言宗のような気位が高いというか、社会的尊敬も受けているところとは違う性質のものです。

本願寺は天皇家とも深い絆があり、大名といってもいいぐらいの格式も備えていますが、その歴史始まって以来、日本の底辺と深くつながり続けている宗派であるというところに特徴があります。

親鸞の言葉の中に「罪業深重《ざいごうじんじゅう》の我ら」とあるように、獣を殺し、海や川に網を引き、獲物を取る、そういう人々も商人もすべての人たちは皆一緒なのだ、ということを真宗は繰り返し繰り返し語ってきました。

それと同時に、「いし・かわら・つぶてのごとくなるわれら」という。石、瓦、つぶて、という表現は、何か非常に値打ちのないもののように聞こえますが、そうでしょうか。

前に奈良のお寺でうかがった話では、古代から中世にかけて瓦は外国から入ってきた貴重で高価なもので、それで屋根を葺《ふ》くというのは大きな権力なり資力があるということの象徴でした。奈良のほうで昔は瓦葺《かわらぶ》きといえば、お寺のことを指します。神社は萱《かや》や藁《わら》など自然の植物を使って葺かれるわけです。

ですから瓦は非常に高価で貴重な舶来の産物であって、親鸞の言った瓦というのは普通の屋根瓦という解釈ではなく、たとえば鴨の河原に転がる、河原石《かわらいし》というぐらいの意味ではなかったか。つまり河原者という意味を含んでいたのかもしれません。

もともと日本という国は税制が早くから発達していて、古代から税を民衆から取り上げるということに関しては精密にやってきました。その中でフリーマーケットではありませんが、例外的に税を取らなくてもいい免税スペースが様々できていった。河原もその一つで、支配者も税を取らず、誰の所有とも決められない場所でした。

お寺の境内もその一つです。城下町が城を守り、国を守るものであったとすれば、寺内町は人を守る町であり、町を守る寺という関係です。ですから城下町と違って寺内町の中には、物々交換をしたり、無税でものを取引するような場所が次第にでき上がっていったのでしょう。

信長はたいへん頭のいい人でした。念仏衆は一人残らずといっていいほど根絶やしにして、誰も生かさないという立場でありつつも、寺内町の中のフリーマーケットみたいなものは面白い仕組みだというので、そのアイデアを取り入れて楽市楽座という制度をこしらえたように思えるのです。

そもそも城というのは、征服者が昔のお寺なり教会の跡に建てることが多いのです。それまでの中心的なものを潰して、そこに新たなものを建てる。メキシコでも、先住民の人たちの聖地にカトリックの教会が建ち、金沢にはむかし金沢御坊《かなざわごぼう》といわれたお寺があって、その周辺に民家が広がっていた。その金沢御坊が一向一揆のときに焼失し、その跡に百万石の前田氏がお城を建てました。

要するに、過去のものを踏みつけて、その上に建てることで、時代が変わったこと、今度の権力者は私たちなんだぞ、ということを宣言するのでしょう。

大阪城にしたって、今は地元の人でも秀吉が建てた大坂城だと考えていますが、もとにあったのは石山本願寺であり、だから城内には蓮如の「南無阿弥陀仏」の碑が残っている。まだ「大阪」と書かれなかった時代、十五世紀に蓮如が初めて大坂という文字を使ったのです。

「摂州東成郡生玉《ひがしなりのごおりいくたま》の庄内、大坂といふ在所は……かりそめながらこの在所をみそめしより、すでにかたのごとく一宇《いちう》の坊舎を建立せしめ……」

と「御文《おふみ》」にも書かれています。蓮如は船で川をずっと下って堺のほうにいく途中、左側の崖の上のほうを見上げて、「この土地は面白い土地だ。水に挟まれ、交通の便もよく、要害として敵に攻められても絶対守ることができそうだ。ここに寺を建てよう」ということで石山御坊と呼ばれる大きな堂を建てます。それが後に石山本願寺といわれ、信長との戦争の中で焼けて失われ、その跡に大坂城が建つわけです。

中世の社会では、ものを右から左へ動かしてお金をもうける商いという行為、ひいては商人を低く見る感覚がありました。蓮如はその「御文」でこう語りかけています。

「ただあきなひをもし、奉公をもせよ、猟すなどりをもせよ、かかるあさましき罪業にのみ朝夕まどひぬる我等ごときのいたづらものを、たすけんとちかひましますす弥陀如来の本願にてましますぞと深く信じて……」

石山合戦によって石山御坊の周辺に来ていた商人や職人たちは四散してしまい、信長は何とか元の場所に集めようと、免税措置などを講じますが、いずれ太閤秀吉の世ができると見込んで四散した人々は、やがて御堂筋の周りに集まってくるんです。

彼らはむかしの寺内町の系譜を引く、念仏者の系統の人たちです。現在、大阪の御堂《みどう》というと、北御堂（津村御坊）、南御堂（難波御坊）という二つの本願寺があり、それぞれ本願寺派と大谷派に分かれています。その御堂の鐘が朝な夕なに響くところ、御堂の甍《いらか》が見えるところに自分たちの店を持ちたい、というのがそうした人たちの夢であり、願望でもありました。

それと同時に、蓮如以来、真宗が深く根付いた近江地方の商人たちの間でもそういう場所、つまり北御堂と南御堂とをつなぐ道筋に自分たちの本店を置きたいという願いがありました。

中でも近江商人の典型といわれた伊藤忠兵衛などは、「商売を忘れても念仏は忘れるな」と他人にも教えるぐらい、熱心な念仏者でした。後の総合商社、伊藤忠の創始者である忠兵衛は織物の行商先でも善知識《ぜんちしき》を訪ねて回り、店の者には『正信偈』と数珠《じゅず》を持たせて朝夕の念仏を欠かさなかったそうです。

もともと資本主義にはプロテスタンティズムの宗教的倫理観と生活信条、マックス・ウエーバーが提唱した勤労と職業に対する尊敬というものがあるといわれます。それと同じように、寺内町の近江商人たちにも、その背景には念仏に対する宗教的情熱がありました。それは勤勉、質素、労働に対して罪悪感を持たない生活信条が特徴です。

以前、ブラジルやアルゼンチンに行った時に、非常に多くの日本人が移民としてそこへ行って、その中には真宗の方たちが多くいました。地元の人に理由を尋ねたことがあります。すると、「真宗の門徒はおおむね勤勉で熱心で生活態度が真面目なので、地元に歓迎されるのです」という話でした。

もともと御堂筋とは、お寺をつなぐ道筋という意味で、テンプル・ストリートみたいな感じでしょうか。御堂筋に大きな店や産業がどんどん集まり、広がっていきました。今の東アジアで指折りのビジネスセンターの基本に、寺内町の流れを汲んだ精神があるというのは面白いことだと思います。

東京の銀座などは、幕府直轄で銀貨を鋳造《ちゅうぞう》していたという、あくまで経済的な理由からお上によってつけられた名前です。それに比べて御堂筋という大阪随一のメインストリートの名前が実は宗教的な、北御堂と南御堂をつなぐ二つの道筋、朝な夕なに鐘の響く御堂の道筋というところから来ているのは非常に興味深いことで、大阪というのは実は深く宗教的な都市ではないかとも思ったりします。

親鸞のこまめな手紙の中身

若くして比叡山で学んだ頃の親鸞は、ある意味で公務員でした。しかし後年、六十歳を過ぎて移り住んだ京の都ではそうではなかった。領地があるわけでも、資産があるわけでもない一介の僧が、家族を養いながら生活していかなくてはなりませんでした。はっきりしたことはわかりませんが、親鸞は京都で『教行信証《きょうぎょうしんしょう》』を推敲《すいこう》し続け、多くの和讃を書き、人々に手紙を書き、訪れる人々と語らったものと考えられます。いずれは大きな教団を経営しようと準備をしたり、自ら伝道に歩き回ったわけではありませんが、その意味では、人々から布施を受けるにふさわしいだけの仕事を精一杯していこう、と毎日机の前に向かっていたのではないでしょうか。

六十過ぎから九十歳で亡くなるまでの約三十年間を考えると、親鸞はどういう思想を持っていたか、誰と何をしていたか、ということよりも、具体的にどんな生活をしていたのか。それが小説家として親鸞を描くときに、非常に興味深いところでした。

まず何を食べていたのか。お茶を飲んでいたのか、白湯《さゆ》を飲んでいたのか。

それ一つでも違ってきます。そこで調べたり人に聞いたりしてみますと、その当時茶というのは非常に高価なもので、お客さんが来たからといってすぐに出せるようなものではなかった。ならば日常的には白湯を飲んでいただろう、という話になります。

それから布施を受けるときはどうしたか。最初はなかなか苦労したようですが、やがて関東の門徒たちが定期的、あるいは時に応じてお金を送ってくれるようになりました。親鸞を支えるための篤志みたいなものを受けることで、養われて生きていたようです。

二百文とか三百文とか、その当時のお金で関東の弟子たちから送ってくるわけで、それに対して親鸞はお金の金額の多寡にかかわらず、実にこまめに丁寧な礼状を書き続けます。

親鸞の手紙というのは、時候の挨拶などはほとんどないのが特徴です。いきなりポンと本題に入る。そして先日送っていただいたお金を受け取りました。二百文ありがとうございました。と礼を言った後で、念仏についてはこういうことです、と常日頃自分が考えていることを伝えるのです。

二百文、三百文、時には一貫文、あるいは四貫文、十貫文とかという、そういう大きなお金がとどくこともありました。当時のお金は唐銭といいますか、宋から輸入した外国の通貨が通用していました。

現代でもキューバとかロシアとか、いろいろな国で自国の通貨に対する信頼がなくなり、ドルが通用していた時期があるように、親鸞の時代には、宋銭という真ん中に四角い穴のあいた一文銭がお金として盛んに流通していました。紐を通して百ずつをまとめるのが一さし百文で、実際には、九十七とか九十八とか、ちょっとずつ利子を抜いているらしいですが、それは手で持ってみると結構重かったと思います。ずしっと来ます。

すると関東から諸国を越え、山を越え、川を越えて京都までやってくる人が、二百文、三百文、五百文というお金を肩に背負ってやってこられるわけがない。重くて大変なことだし、山を越え、大きな川を渡るのは不可能だろうと思います。

しかも、その当時は山賊が横行していて、旅は非常に危険な作業でした。

では、そのお金はどうして運んでいたか。おそらく何か私的な約束手形か、為替のようなものがあったのではないかと私は想像します。

そういうことは鎌倉よりも後からでしょう、と学者さんには否定されますが、やはり何か証文のようなものを書いて、半分破ってそれを渡し、残りの片方の半分を持っていって京都のどこかの金貸しに見せると現金に換えてくれる。それを親鸞のところへお布施として運んできた。そんなことができたんじゃないかと思うのです。

この日本では意外に早くから手形とか先物取引とか、様々な工夫が経済活動として行われていたのではないか。けれど、そうした生活の実感と聖人としての親鸞の生き方というものがほとんど断絶してしまっているところが、私は小説家として不満なのです。

何を食べていたのか。朝は何時に起きていたのか。寝る時はどんなふうに横たわって寝ていたのか。お客さんが来た時にはお茶を出すのか、白湯を出すのか。あるいは、座布団はどうしていたのか。あったか、そもそもなかったか——。

こういうことをいろいろと調べるんですが、残念なことに日本衣服資料とかデータはたくさんあっても、十二単《じゅうにひとえ》とかほとんどが貴族階級の人々の服装についての研究が多いのですね。巷の普通の人々の暮らしぶりとなると、さっぱりわからないのです。

非人の装束《しょうぞく》について、普通一般の人はこういう模様の服を着てはいけない、とかいろいろなお達しがあるんですが、車借、馬借などの牛馬を扱う交通労働者の服装は、人目を憚ることなく人が目を見張るような派手な格好をしていたといわれます。

以前、私の恩師で龍谷大の学長をなさった千葉乗隆《じょうりゅう》先生が、「昔は、車借、馬借なら嫁に行こうか、みたいな歌もあったはずですよ」と教えてくれたことがありました。

つまり、非人として蔑視されつつも、彼らは馬や牛を仕入れたり、物品を運ぶために難波や関東など様々な土地を見て知っていて、珍しい土産も買ってくる。派手な格好をして、宵越《よいご》しの銭《ぜに》は使わねえ、みたいにお金をきれいに使う。やくざ映画ではありませんが、世間の蔑視と異端視と同時に、畏怖と憧れの象徴でもあったと考えられるのです。

つまり、一所に定住して生きる人から見れば、カッコいいと思われるところもあったということです。世間に身を屈して、見下されながらじっと我慢しているだけ、という賤民ではなくて、堂々と、これ見よがしに、法を犯しても非人だからしかたがないとみられるところがあった。土地を移動しながら流行の先端を生きる彼らは、都の子女たちの密かな憧れを背負っていたとも考えられます。

現代の私たちが考えているアウトカーストとは違う人たちの生態が見えてくるのではないでしょうか。

念仏は、まずそういう人たちに対して語られ、彼らが率先して受け入れた。そういう流れがあったのではないか。つまり、その人の悪行とか善行にかかわらず、浄土というものがあり、念仏を信じて唱えるならばそこに行ける。そういう教えを理屈抜きに、それはありがたい、ではそうしよう、と受け入れて広がっていったと思うのです。

親鸞の教えを背負って歩いた蓮如

この日本列島で、日本人の中に本当に念仏が根を張ったのは、十五世紀の蓮如の時代です。蓮如というのは不思議な人で、賛否両論、毀誉褒貶《きよほうへん》のすごく多い人でいろいろ悪口もいわれますが、やっぱり大変な才能があったと私は思います。

くだらない話で恐縮ですが、二十年ほど前に私が書いた『蓮如』という戯曲がアニメーションのドラマになるというので記者会見が開かれ、私も原作者としてその席に呼ばれたことがありました。

蓮如という人は、いかにもアニメの主役にふさわしいキャラクターですが、アニメの蓮如の声を松方弘樹さんがやることになっていました。するとある記者が私に、「松方さんはやくざ映画、任俠映画によく出演されていますが、そういう方が蓮如のような宗教家を演じていいものでしょうか」と質問されたのです。

私は、「それは大変結構なことだと思います」と言って、答えました。

「任俠の世界では、『背中で泣いてる唐獅子牡丹』とか、『義理と人情を秤にかけりゃ、義理が重たい男の世界』とかいいますね。

義理というのはもともと宗教用語で、ものごとの筋目をはっきり通していく、という意味です。義理チョコなんて言葉とは意味合いが違う。人情という言葉ももとは仏教用語で、これまた今で考えている人情とは違います。

義理と人情を秤にかければ義理が重たい男の世界。それは私たちがふだん感じるような情愛、情感よりも、ものごとの中に存在する真理を大事にするということです。仏教ではそれを『法』とも言います。義理が重たいのが任俠の世界だとすれば、これは仏教の思想そのものでしょう。極道とは道を極めるという仏教用語ですから、松方弘樹さんは本当に適役だと思います」

そんなふうに答えましたら、またいい加減なことを、と記者たちは笑っていました。

蓮如は親鸞の教えを背中に背負い、忠実に人々に手渡して歩くという仕事をした。浄土真宗は親鸞が教えを作り、蓮如が全国に教線を拡大した、これは間違いのないことです。

蓮如はたいへんな政治的手腕があっただけでなく、血縁を大事にしてあちこちに自分の息子や孫とかを送り込んで大組織をきっちり作り上げました。

これを宗教家らしくない、自己防衛だと批判的に見る向きもありますが、日本人が「南無阿弥陀仏」という名号を広く知るようになったのは法然や親鸞からではない。蓮如がいたからこそ日本中に念仏が普及し、芝居でも人を斬った侍が後で「南無阿弥陀仏」と合掌するような場面が当たり前に出てくるようになったのです。

その蓮如の言葉の中に「人は軽きがよき」という言葉があります。男としては重厚であることが大事と言われる日本では、なかなか珍しい発言です。私などはあちこちでこうしてペラペラしゃべっていて、まったく軽薄なものだと自分で思うこともありますが、蓮如は、「しゃべれ、しゃべれ。しゃべらぬ者は恐ろしき」とまで言っています。

この背景には、アジールとしての寺内町の存在があったことは先にお話ししましたが、蓮如が広めた真宗の風土には、「誰もが阿弥陀仏の前では平等なのだ」という考え方があります。つまり、寺の中では武士も農民も関係ない、身分など分け隔てなく、言いたいこと聞きたいことはどんどん口に出して言え、という感覚がつよくあるのです。

話がそれますが、イエス・キリストが亡くなった時、キリストの教えに従う人々がどれくらいいたか、諸説ありますが、だいたい三百人から多くて八百人、その程度ではなかったかと言われます。

その後、パウロが各地を伝道して回ることによって、キリスト教が広がっていく。それでも、パウロが亡くなった時点で、中近東からギリシャ、ローマまでをひっくるめてキリスト教の信者、洗礼を受けた人の数は約八千人ぐらいだそうですね。

当初は数百から数千としても、やがて長い年月をかけて世界を支配する大宗教に育つわけですから、パウロの果たした役割は非常に大きかったと思います。

そう考えると、念仏を説いたのは法然、それを受け継いで深め、念仏の意味をきちんと人々に語ったのが親鸞、念仏を人々に広げていったのは蓮如、という流れになります。いささか単純化したアナロジーですが、親鸞が開祖キリストだとすれば、蓮如は伝道者パウロだったという言い方もできるでしょう。

人間存在の悲しさを嘆いた『歎異抄』

もう一つ、『歎異抄《たんにしょう》』は俗に蓮如がこれを禁書として、清沢満之《きよざわまんし》がそれを再発見して世間に広めたといわれますが、それはちょっとちがうように思いますね。

今に伝わる『歎異抄』は蓮如の筆になるもの、蓮如が書写したものが原典になっています。おそらく蓮如の手が入って編集されているだろうと思います。ですから、『歎異抄』を作り出したのは唯円《ゆいえん》かもしれないが、それを世に送ったのは蓮如なのです。

終わりのほうに、「宿善《しゅくぜん》の機」無き者に対しては左右《そう》なく簡単に見せるな、とあります。つまり、いい加減な気持ちで読んでいる人には見せるなというのですが、貴重な古文書はだいたいそう書いてあります。

法然の『選択《せんちゃく》本願念仏集』の結びにも、「庶幾《こいねがわく》は一たび高覧《こうらん》を経《へ》て後《のち》、壁底《へきてい》に埋《うずめ》て窓《そう》前《ぜん》に遺《のこ》すことなかれ」、読んだ後は隠せと書いてあります。それは一つのスタイルなんです。それと同時に、難しくて誤解を招きやすいから、簡単に人に勧めるようなものではないよ、ということわり書きのようなものです。

『歎異抄』とはその通り、非常にきわどいところのある書ですから、一歩間違えれば「悪行も全部ＯＫ」みたいにも受け取られかねない部分が多々あります。だからこそ、これは大事な文章だから、むやみやたらと人に見せて広めたりするのは考慮したほうがよいと書いてあるわけで、これは蓮如の正しい、大人の判断だと私などは思います。『歎異抄』が実際に世の中に広まったのも、必ずしも清沢満之のおかげだけではありません。清沢がその真価を再発見して、そのことを人々に示したのは確かです。しかし、それが国民的ブームとなり、たくさんの人が『歎異抄』を読むようになったのは、清沢の弟子にあたる暁烏敏《あけがらすはや》という人の仕事も大きい。

当時、清沢を中心に「精神界」という雑誌が発行されていて、明治の末に八年にわたって連載が続けられていたのが暁烏敏の「歎異抄を読む」でした。それが親鸞上人六百五十回忌の折に単行本となり、『歎異抄講話』という形で世に出て、大ベストセラーとなった。日本中の人々が読んで、深く感動するきっかけを作ったのは暁烏敏でした。

暁烏敏は異端扱いされるなどスキャンダルの多い人で、どうも戦時中の言動も含めて、批判の多い人ですが、やさしく平易に書かれたこの本は、若い人たちに熱狂的に読まれました。

すでに親鸞が生きていた頃から、念仏宗の中でも、いろいろな異安心《いあんじん》、すなわち異端が生まれてきます。異端というのはたとえば積善《せきぜん》もその一つでした。他力や念仏だけでは駄目で、やはり人格修行して、世間に善行を積まなきゃいけないという考え方です。その一方では造悪無碍《ぞうあくむげ》といって、悪いことをすればするほど阿弥陀如来の慈悲が自分に向くのだから、どんどん悪いことをしても大丈夫という説も出てくる。そういう異端に対しての戦いが、親鸞の後半生であったかもしれません。

親鸞の身近に接していた弟子の唯円は、師の言葉を実によく自分の中に蓄えました。そして親鸞亡き後にものすごく異端が流行して、本来の親鸞の念仏の教えが伝わっていないことを深く嘆くようになります。

そこで親鸞の言行録を『歎異抄』という一冊の本にまとめます。これは本当に名文で、唯円という人は親鸞以上に、本当に情のある見事な文章を書く人だったですね。

注目しなくてはいけないのは、『歎異抄』の「歎」という字です。これは嘆くということ、ああ情けない、と思うことです。破邪《はじゃ》という言葉が仏教にあって、間違ったことを打ち破るという意味で、それは間違っていると論理的に否定することです。そうやって叩き割るのではなくて、何ということだろう、情けない、と嘆く。親鸞聖人のおっしゃられたことはそうではないはずだ。これが唯円の『歎異抄』の「歎」です。

ですから、間違ったことだけれども、それを切って捨てるのではなくて、人間はどうしても間違いやすいものなのだと嘆く。悪いことをすればするほど阿弥陀如来に愛されるのではないか、そういう甘えた気持ちになるのも人間の弱点の一つであり、それを頭から責めることはできない。それにしても何と悲しいことであろうか、と。

人間性に対する悲嘆の言葉、それが『歎異抄』の精神だと私は思います。

それと同時に、異端の存在によって正統やオーソドックスが照らし返されることがあるものです。間違ったものがあることによって、正しいものが人々の前に見えてくる。これは亡くなられた多田富雄さんが示した免疫論にも、通じるところがあります。つまり、免疫というのは、「自己」が「非自己」をやっつけて排除する働きではなく、「非自己」との関係の仕方によって成立しているのだという考え方です。

ですから、唯円の『歎異抄』の心持ちは、怒るでも攻撃するでもなく「歎」、どうしても人間というのは傾きがちなもので、実につらい存在なのだというため息であり、嘆きであり、これは間違ったことなんだけれども人間とは実に悲しいものだ、こういう親鸞の深い嘆きが『歎異抄』の「歎」という中に挟まっているように思います。

『歎異抄』は親鸞の教えを誤って実践している人たちの過ちを正す、異端を正す書物であるといわれます。しかし、唯円は異安心や、間違った考えを持った人たちを一方的に攻撃しているわけでも、論破しているわけでもありません。

唯円のため息の背後には、人間というのは何という悲しい存在であろうか、だからこそ親鸞聖人の言葉をもう一度思い出して、それを杖にし、背中を押してもらって光の中を歩みたい、という痛切な思いがある。それが『歎異抄』という稀有な本を生んだのだということを、ぜひ頭の中に覚えておいていただきたいのです。

さてそろそろ時間が来たようです。今日は十五分も遅刻してしまって、申し訳ありませんでした。次は十五分早く来るようにします（笑）。ありがとうございました。

（二〇一五・二・二十七）

3月新刊　4点刊行!

はじめての親鸞

五木寛之

610658-3★

波瀾万丈の生涯と独特の思想――いったいなぜ、日本人はかくも魅かれるのか？　半世紀の思索をもとに、その時代、思想、人間像をひもとく。平易にして味わい深い名講義。

いい子に育てると犯罪者になります

岡本茂樹

610659-0◆

「いい子」は危ない。自分の感情を表に出さず、親の期待する役割を演じ続け、無理を重ねているからだ――。矯正教育の知見で「子育ての常識」をひっくり返す。

日本語通

山口謠司

610660-6◆

藤原不比等が〝プディパラのプピチョ〟？　なぜ太平洋は「太」、大西洋は「大」か？　「ら抜き言葉」の文豪は？……思わず話したくなるウンチクから、奥深い日本語の世界へ誘《いざな》う。

ません。　●ISBNの出版社コードは978-4-10です。

第三講　親鸞のほうへ——仏教と人生をめぐる雑話

こんばんは。今日はプロ野球が開幕し、夜はフィギュアスケートもある。ひょっとしたら受講者の皆さんが半分ぐらいに減るかなと思いましたが、席が埋まっていてホッとしました。

実は今ちょっとふらついています。私の普通の生活サイクルは、午後の二時までに起きて打ち合わせや何かをこなして、夜の十二時ぐらいから朝の五時頃まで原稿を書き、それから本を読みながら朝六時か七時には寝るというものです。

それが昨夜は面白い小説をみつけて、午前十一時までかかって最後まで読んでしまいました。それから風呂に入って寝たのが正午、起きたのが夕方四時ですから、どうもまだ夢の中にいるようで、時々話が支離滅裂になるかもしれませんが、その辺はお許しいただければと思います。

小説『親鸞』三部作を通して

私は『親鸞』という小説を二〇〇八年から二〇一四年まで、地方紙、ブロック紙に連載しました。連載は二年休んで一年書くというサイクルで足かけ七年にわたりました。

かつて石坂洋次郎さんは、新聞小説を始める時には全部書き終えて、自分の机の中に全部原稿をしまわれて、毎日三枚ずつ担当者にお渡しになっていたそうです。

しかし私の場合はストックがほとんどなかったので毎日がピンチ、北海道から沖縄まで全国の新聞社の担当者たちはヒヤヒヤの連続だったと思います。

ふだんはライバル関係にあるブロック紙と地方新聞が、揃って小説の連載をやってくれたのは史上初めてのことでした。特に第二部では、北海道から沖縄まで四十四紙・同日にすべての地方をカバーできたのも、幸運というしかありません。

いずれにせよ一人の書き手として、かつてない連載にはいくら感謝してもしたりませんが、まさか沖縄の新聞で『親鸞』の連載をやってくれるとは思いませんでした。

沖縄はほとんど寺のないところです。神道でもなく、仏教でもなく、基本的に祖先崇拝の沖縄独自の信仰が深く根を張っている土地柄です。民間伝承ではユタもまだ生きているし、神域と言われる聖なる場所がある。そうした慣習の中で、沖縄独自の宗教観を育んできているのです。

浄土真宗もお寺というか教務所らしきものはありますが、開祖とされる親鸞聖人を描く小説の連載を沖縄の新聞がやってくれたことは新鮮な驚きでした。

先日、そのお礼を申し上げるために「琉球新報」に突然立ち寄ったところ、社を挙げて歓迎してくださいました。私が一番心配したのは、仏教とか真宗とか、親鸞にほとんど縁のない沖縄の人々がはたして小説を読んでくれただろうか、ということでした。「一部から完結篇の三部まで載せてくれたのは、新聞社にとってとても大きな賭けだったのではないですか」

そう申し上げましたら、「いや、みんな面白く読んでくれて、評判よかったですよ」

とのことでした。お世辞半分としても、小説として読んでくれたこと、そして「しんらん」と大きく振り仮名を振った、「親鸞」という字画の多い名前を沖縄の方たちに記憶してもらっただけでも、作家冥利《みょうり》に尽きると思ったものでした。

真宗は伝統的に、「耳から聞く」ことを一番大事にする宗派です。つまり、読むよりは聞くことが大切。本を読んだりするのは簡単ですが、そこをあえて「聞法《もんぼう》」といって、お坊さんとか善知識《ぜんちしき》、つまり先達の念仏者からじかに話を聞く。お説法を聞くことが、門徒の一番大事な勤めであるということなんです。

もちろん真宗でも、仏教学者や専門の僧職におられる方たちは大変熱心に勉強なさいますが、普通の門徒のお勤めというのは、話を聞くこと。つまり聞法で、仏教では面受《めんじゅ》と言ったりもしますね。相手と向かい合い、こうして顔が見えるような距離で、肉声で話を聞く。これが真宗の基本的な信仰習慣なんです。

もちろん法然も親鸞も、ものすごく勉強しました。しかし法然は、勉強したことを全部捨てなさい、ということを言いました。一文不知《いちもんふち》の愚鈍の身、無智のともがら、すなわち字も読めないような愚かしき人間に戻れ、痴愚《ちぐ》に帰れ、愚か者になれ、ものを学んだことはすべて忘れてしまえといったのです。そして親鸞も、難しい教理を打ち立てたり、教団を作ろうとしたり、大きな寺を建てようとはしませんでした。

浄土真宗は真宗大谷派と本願寺派に分かれていますが、それは浄土真宗が世襲の宗教だからでしょう。昔は寺のお坊さんというのは任命制で、ある意味で公務員でしたから、命令されてどこかの寺に勤め、たまには転勤もするという具合でしたが、本願寺は血縁相続になっていますから、その中で争いが起きたり、問題が起きてくる。

ただ、親鸞は別に分かれているから悪いとか、一つでなければ、とは考えないのではないでしょうか。集まるべからず、という法然の遺志をそのままに継げば、そもそも現在の教団そのものがあり得なくなります。

以前から私自身、仏教にはいろいろ共感するところもあれば、嫌いなところも、あるいは反発するところもある。わからないところも山ほどあります。

たとえば、これはブッダの言葉と伝えられていますが、「犀《さい》の角のごとく独《ひと》り歩《あゆ》め」

という言葉が個人的には大好きです。

近年、孤独死とか単独死とか、みじめな悲劇のように語られていますが、人間はそもそも一人で生まれてきて、孤独に歩んで、一人で死んでいくものでしょう。一本角の犀が、群れをなさずに孤独に歩んでいくその姿を見つつ、「犀の角のごとく独り歩め」という。文法的にはちょっと変かもしれませんが、イメージ豊かで、非常に美しい言葉だと思います。

親鸞という人は、どちらかと言うと非常に狷介《けんかい》な部分があるように私は思います。法然に対する尊敬と私淑《ししゅく》の気持ちは生涯変わりませんでしたが、法然が亡くなった時に京都へ上がってお葬式に参加したり、法宴などの催しには参加することはなかったようです。法然は、遺弟同朋《ゆいていどうぼう》、つまり残された弟子とか仲間たちは群れ集うな、と言い残しています。群れ集うな、集まるな、それぞればらばらに自分たちの道を行け、ということです。

親鸞はたくさんの友に手紙を書き、あるいは語り、問答をしたりしていますが、最後は奥さんとも離れたまま九十歳で死にます。親鸞はまことに生涯一筋に一人の道を歩んだ人、単独者でした。私が共感するのはそういうところです。

私は昔から、初対面で誰かとお会いして、この人とはとても気が合いそうだな、生涯の友になりそうな人だなと思うと、かえって遠くにいようとする癖があるのです。別に君子の交わりは水の如し、なんて恰好つけるつもりではありませんが、油のようなベタベタした友愛の情は長続きしないという気持ちがあるのかもしれません。

ふるさとは遠きにありて思うもの、ではありませんが、本当の親友というのは、何年に一度ふと出会ったり、何かの挨拶を送ったりするくらいの仲で、何十年か続くものではないでしょうか。想像ですが、親鸞にもそういうところがあったのではないかと思います。犀のごとく歩む孤独者としての親鸞、私が非常に心中共感するところです。

人生に先の見通しを

さて先日、大阪から高野山に向かう途中のことです。御堂筋を走るタクシーの中からネオンサインを見ていたら、こんな広告の文句が目に留まりました。

「見通しを。あなたの人生に。」

広告主はたしか銀行で、高齢になって先行き不安を覚えている人に、家や土地を担保にしてお金を貸しますという類ですが、それを見て思うところがありました。

それは本来、寺の役割ではないのかな、ということです。

最近、仏教とは結局何なのか、ということをよく考えます。

キリストがユダヤ教の人であったと同じように、ゴータマという人が、バラモンたちなど在来宗教の中で違った意見を出していった。その意見とは突き詰めていくと、人々の不安を取り除いて安心させる、安らかに平和に生きていく道を教えるということに尽きている。それ以外のことは、ほとんど後代の人たちが付け加えたことではないのかな、そんなふうに思ったりします。

仏教の三施の一つに、無畏施《むいせ》というのがあります。「畏」とはおそれるという意味です。人々は不安を抱えて生きている。生きていることは不安である。悩みもある。苦しみもある。そういうものを取り去って、安らかに、静かに、平和に、喜びを持って生きられる境地に人々を導く。これは一番大事なことではないでしょうか。

自分とは何かということを理解させ、人生に見通しを与える。ブッダのやろうとした仏教は、つまるところそういうものだったのではないか。いろいろな形、いろんな場所で、いろいろなことをブッダは語りましたが、根本はそれに尽きるという気がします。

私たちは不安の時代、はっきり言えば、まことに不安な時代に生きています。

首都直下型とか南海トラフ型とか、地震だけでも様々なことが予測されています。インフレ政策の先には、ひょっとしたらハイパーインフレが来て、預貯金などは紙くずになってしまうんじゃないかという恐れも現実のものとしてあります。まあ株を持ってる人が心配すればいいことですが、株価が大台を突破しても、いずれまた大暴落するんじゃないか、そんな不安もあることでしょう。

そのほか誰にでも病気の不安があります。テレビ番組でも健康番組が増えてきて、納豆がいいといえば納豆を、エゴマがいいと言えばエゴマを買いに走るものですから、スーパーでもたちまち売り切れになる。それぐらい、みんな自分の健康に不安を抱いているのでしょうし、書店でもふくらはぎを揉むとか、野菜を食えとか肉を食えとか、ビジネス書と並んで健康本が実によく売れています。

あるいはまた、ロシアとウクライナの問題やイスラム国の問題など、第三次大戦寸前の情勢だという説もあり、日本でも武器輸出三原則が見直され、集団的自衛権や憲法改正の問題がマスコミをにぎわせています。

そんな諸々を考え併せる時、この国はいったいどこへ行こうとしているのか。自分の人生はどうなっていくのか。ガンをはじめとする様々な病気や老化、経済的なこと、人間関係でのトラブルなど、先を見通そうとすればするほど、不安のタネは尽きません。

もともと私たちの人生は不安に満ちていて、どうしたって不安の中で生きていかざるをえないものです。

それでも、そこで人々に対して安心を与え、これでいいんだ、という自分なりの安らいだ境地を与えてくれるのが仏教の役割であるなら、お寺に代わって心療内科や銀行がそれを担うのはおかしいのではないか。

そんなことを考えながら、先日、高野山まで行ってまいりました。

高野山にはもう何度も行っていますが、本当に遠いところです。なんばから南海電車に乗って橋本で特急を降りてさらに乗り継いで、極楽橋というところで降りてケーブルカーに乗って山頂まで行き、そこからタクシーに乗って、宿坊までも結構かかる。最近はじめてコンビニができたという話ですが、よくもあんなところに何千人もの人が住んで、宗教都市をなしているものだと思います。

その一方では、沖縄の人々があまり仏教に関係なく生きているのを見るにつけ、果たして仏教は本当に必要なものか、現代人が抱いている不安に仏教はしっかり応えているのだろうか。もし今親鸞が生きていたら、どんな話をしただろうか、いろいろ考えたものでした。

本来ならば「見通しを。あなたの人生に。」という言葉は、仏教の側から発せられなければいけない。仏教とは、宗教とは本来そういうものだろうと思うのです。

ちょっと話がそれるようですが、こんなたとえ話があります。

月の光もない真っ暗闇の中、ある人が、一歩間違えれば谷底へ転がり落ちそうな険しい山道を、重い荷を背負って歩いている。不安と怯えで胸が苦しく、荷物がいっそう肩に食い込んでくる。とそこへ雲間から月の光が射して、遠くに家が見える。そうか、あそこまでいけばいいのか、とその人は気を取り直してまた歩みを続ける――。

道が歩きやすくなったわけでも、距離が短くなったわけでもない、荷物が軽くなったわけでもないのに、心はそれまでとは違っています。目的地が見え、誰か待つ人がいる。それまでとは違って足取りも軽くなる。これが向こうから照らす本願他力《ほんがんたりき》、それをありがたいと感じることが安心立命《あんじんりゅうみょう》というものではないでしょうか。

無限に続く闇夜《やみよ》を歩き続けるのは、誰だって苦しくて仕方がありません。しかし、先の見通しがそこにあれば、同じ道を歩くのでもまるで違ってくるはずです。

ブッダの死後、今までに数えきれない流派があり、経典が編まれ、その思想なり解釈をめぐって何万という数の論文が書かれ、それらが全体として仏教文化としてとらえられています。

しかし、あれこれ難しいことを言わずに、この辺で一度根源に返ってみたらどうなのでしょう。人々の不安を癒す、安心を与えることこそがブッダが生涯かけて語り続けてきた第一のことではなかったか。そんなことをふと思ったりするのです。

仏教の伝播と変容を想う

仏教は中国から朝鮮半島を経由して、六世紀の日本にもたらされました。すでに大乗仏教という、ある程度完成された形での学問体系として日本に入ってくるわけです。

それとともに儀式や典礼、あるいは解釈が山のように入ってきます。原始仏教の周りに分厚い殻がくっついて、普通の人にはわからないほど複雑になってしまっている。果たしてそれがブッダの語ったことだったのでしょうか、だいぶ様子が違うようです。

たとえば般若心経の「般若波羅蜜多《はんにゃはらみった》」という字句は、中村元さんの説によると、パーリ語の「パンニャ・パラミタ」を音訳しただけであって、もともとの意味はパンニャは知恵、パラミタは完成、すなわち「知恵ができ上がること」に過ぎないそうです。しかし、般若波羅蜜多という何やらおどろおどろしい字画が多くて難しそうな字句でイメージされるのは、密教的で、人を寄せつけない呪文のようです。

また呼吸法についてもブッダが語った色々な言葉を集めて、「アーナパーナ・サティ・スートラ」という言葉ができました。アーナパーナは、吸う息、吐く息、呼吸のこと、スートラは経典というか文章です。

以前、ブータンのあるお寺でお坊さんと話をしている際に、小僧さんみたいな人がつまずきそうになった時、そのお坊さんが「サティ、サティ」と言った。気をつけなさい、ということなんでしょう。つまり、注意するとか、気を遣うとか、そういう日常的な言葉なんです。そうすると、アーナパーナ・サティ・スートラというのは、呼吸に関しての気づき、あるいは呼吸の心得というのがもともとの意味だと思われます。

それが中国に伝わってから、『大安般守意経《だいあんぱんしゅいきょう》』という難しげな経典になってしまう。私はその名前に恐れをなして読んだことはありませんが、簡単に言うと呼吸法、吐く息、吸う息の一つ一つに心を込めて、その中に全世界の真実の法＝ダルマに気づくようにしなさいというような話です。

どういうわけか、私たちの周りにある仏教は、もとのブッダの教えとは全然違ったものになってしまっているんじゃないか、というのが私の考え方です。たしか中村元さんなどは、日本の仏教を「退化」という言葉で表現されていました。

釈尊ブッダ以来、僧というのは布施によって生きることを正当なこととして受け継いできました。布施を受けて生きる代わり、自分たちはこの世の中に何よりも大事な布施をしている。受ける一方ではそれにふさわしいものを世の中に送っている。そうした義務感なり、達成感がなければ布施を受けることはできません。

基本的に僧と俗人の関係というのは、贈与関係ではないでしょうか。僧侶が生きていくには布施を必要とする。働かず布施によって生きる。俗人は働かないと食っていけないから、俗人つまり世間の人たちから、托鉢をして余りものをもらって生きる。これは本来の僧の決意です。

昔は糞掃衣《ふんぞうえ》と言って、墓地に捨てられていた布を縫い合わせて、自分たちの衣服としました。そして、余りものをもらい、仲間たちで分け合って食べていた。檀那寺とか、檀那とか言いますが、その語源はダーナといって、ものをくれる人のことです。

ただで人に何かあげることは英語でドネーション、臓器提供者のことをドナーといいますが、これもダーナから変化した言葉だといわれます。

檀那（ダーナ）はものをくれる。その代わり、僧は何かを差し上げなくてはならない。先ほど言った無畏施がそれです。

その人の心が安らぎ、今日一日を幸せに生きられる、そのために喜捨をする。布施と心の安らぎと、そういうやりとりが寺と人々の本来の関係であり、そこから葬式仏教と呼ばれる現代の寺のあり様への疑問も出てくるのでしょうが、かと言って、ブッダの頃の原点に帰ると、それは大変なことになるでしょう。

原始キリスト教の時代から中世、さらには現代における教会というものを考え併せると、やはり、宗教とはそうして変質していくものなのかもしれません。

再び歌とリズムについて

仏教学者の植木雅俊さんは『仏教、本当の教え』という新書の中で、仏教と音楽の関わりをくわしく書かれています。新書というとハンディで内容も軽い本だと思われがちですが、立派な函《はこ》入りでもどうでもいい本もあるし、本当に翩々《へんぺん》たる文庫や新書でも本当に深い良い本はある。これなど、ぜひお読みになるといいと思います。

前に平安時代に流行った今様と、仏教の布教に歌が果たした役割についてお話しましたが、もう少し付け加えたいことがあります。

ゴータマ・ブッダ亡き後、周りにいた弟子たちは、人々の集まる広場や市場で法螺貝《ほらがい》を吹き鳴らし、太鼓を叩いて、大きな声で歌を歌い、それでブッダの教えを広めようとしました。

古来、インドの人たちは韻文《いんぶん》でものを書くことを非常に好みます。科学であれ文芸であれ、法律であれ、さまざまな文献なり文章が韻文で書かれていて、それが大事なのだといわれます。全十二章・二千六百八十四条あるマヌ法典もすべて韻文で書かれているぐらいですから、ブッダの教えも韻を踏んだ詩であり偈文《げぶん》、つまりある種の歌なんです。それがリズムとともに暗記され、人々の間に広げられていきました。

私は九州のアクセントがあるので、生き物の「死」とポエムの「詩」との区別がよくつきませんが、前に日本人は五七調や七五調を好むという話をいたしました。

短歌の五・七・五・七・七、俳句の五・七・五、どちらも日本人の心に染みついたリズムです。

それがインド人の場合は、八・八・八・八と八の韻を四つ並べて、八掛四で三十二音韻というのが基本だと聞きました。何と言いますか、それが思想の根底にまで広く横たわっている、一つの調子ということなのでしょう。

さて前にある歌人のかたが、日本人が七五調を好む例として、日本国憲法の第八十二条を挙げていました。

「裁判の対審及び判決は、公開法廷でこれを行ふ」

単調にスッと読んだら気がつきませんが、この中には無言のうちに日本人の好む七五調のリズムが流れているという意見で、これは面白いですね。

「さいばんの　たいしんおよび　はんけつは」、「こうかいほうていで　これをおこなう」。

確かにそうです。日本でそうであるように、おそらくインドでも法律の条文も基本的に韻を踏んでいるでしょうし、当然ながら仏教の教えは全部、偈《げ》、歌です。

歌として書かれていてリズムがあり、メロディがあり、それを暗唱して人々はブッダの言葉を覚えようとした。それがずいぶん時間が経ってから文字にまとめられたり、それをめぐって様々な解釈が生まれたりするわけです。

そこで私も冗談で歌を作ってみました。『ダンマパダ』(法句経)という原始仏典の中に、「ウダーナヴァルガ」(感興のことば)という章があって、日本語ではこんなふうに翻訳されています(中村元訳)。

実にこの世においては、およそ怨みに報いるに怨みを以てせば、ついに怨みの息《や》むことがない。堪え忍ぶことによって、怨みは息む。これは永遠の真理である。

これでもかなり平易な日本語だと思いますが、原文が八・八・八・八のリズムで書かれてあるとしたら、そのリズムを生かしてこういう感じになるのではないでしょうか。仮に「怨断歌」とでも名づけますが、日本人好みの七五調でいきます。

実にこの世は　様々な
怨みに満ちて　いるけれど
怨みは巡る　火の車
心鎮まる　時もなし
怨みの輪廻《りんね》　断ち切れば
永遠《とわ》の安らぎ　訪れん

これにメロディをつけて大きな声でみんなが歌う。ときには輪唱のように追いかけたり、フーガみたいになったり、コーラスがついたりする。おそらくブッダの弟子たちは、そんなふうにして人々にブッダの教えを広げていったのではないでしょうか。

前に中国禅の本家と言われる広州のお寺へ行った時のことです。座禅を組んでいる人もいましたが、一方で門前をぶらぶらしながら歌を歌っているお坊さんがいました。

「流行歌か何かでしょうか、呑気なものですね」

と私が言いましたら、案内役の方が、

「そうではありません。あれは歌で教えを説いているので、修行の一つなんです」

と言うのです。なるほど中国には今も残っているんだな、と思いました。

ダンマパダとかウダーナヴァルガとか、「怨みの息むことがない」「永遠の真理」などと言われると難しげでため息が出ますが、「♪実にこの世は様々な、怨みに満ちているけれど」と節をつけて口に出すと、何か藤圭子の歌みたいでいいな、という気がしてきます。

先年、親鸞の七百五十回忌が盛大に行われましたが、その前の七百回忌の時に、金子大栄《だいえい》さんが一種の歌を作って披露しています。仏教の根底に歌があるということを考えると、金子さんが論文ではなく、詩歌のようなかたちで発表されたというのは、なかなか偉いものだと思います。

金子さんによるこの「親鸞讃歌」には、面白いところがいくつかあります。

たとえば、「人間を懐かしみつつ、人に昵《なじ》む能《あた》わず」というくだりです。

つまり、親鸞は人間が好きだった。人に対して深い愛情を抱いていた。にもかかわらず、人になじむことができない、というのです。

なるほど親鸞という人には確かにそうだな、という雰囲気があります。私どもは親鸞を尊敬し、懐かしさを感じもしますが、どうも近づきにくいと言うか、会って直接話を聞けと言われると、ちょっと二の足を踏むような感じがしないでもありません。

この金子さんの詩の中に、「聖教《しょうぎょう》を披《ひら》くも、文字を見ず」という言葉があります。これもなかなか的を射ています。親鸞というのは本当にもう八宗兼学《はっしゅうけんがく》と言いますか、ありとあらゆる仏典に通じた大知識人でありました。

しかし、金子さんは、「聖教を披くも、文字を見ず」、「ただ言葉のひびきをきく」というのです。やはり金子さんの親鸞観は正しいところを突いていると、あらためて思いました。そして、宗祖に対する帰依の感情を歌いあげている最後の部分はこうです。

その人逝《ゆ》きて数世紀、長《とこし》えに死せるが如し

その人去りて七百年、今なお生けるが如し
その人を憶《おも》ひてわれは生き、その人を忘れてわれは迷う
曠劫多生《こうごうたしょう》の縁、よろこびつくることなし

『教行信証』への疑問

それにつけても、私がずっと疑問を抱いていることがあります。

親鸞の残した仕事は『教行信証』、すなわち『顕浄土真実教行証文類《けんじょうどしんじつきょうぎょうしょうもんるい》』という大著があり、これが最大の仕事だと言われます。

『歎異抄』は、もちろん親鸞の筆になったものではありませんし、お弟子さんが親鸞の言行、行いや言葉を記したものです。そのため、確かに面白い書物だが、弟子の一人が聞き書きしているということで、少々軽んじられる傾向もないではないのです。

しかし、ブッダが一言も書き残さず、『論語』が孔子の書いた文章ではなく、聖書が

イエス・キリストの文章ではないことを考えれば、ことさらに低く見る必要はないはずです。

いずれにせよ、この『教行信証』という大著を読まずして親鸞は理解できない、という考え方が仏教学では主流となっています。

じつは私も『教行信証』は何度となく読みかけては途中で挫折して、最後のほうをパラパラめくったぐらいで終わる、ということを幾度となく繰り返してきました。

だいぶ前に亡くなられましたが、道教の世界的権威だった福永光司《みつじ》先生とは生前よく一緒に旅をして、恐山などあちこちを歩き回りました。ある時、『教行信証』の話になり、福永さんはさらりとひと言でこうおっしゃいました。

「ああ、あれは親鸞の読書ノートですよ」

福永さんによると、親鸞の漢籍仏典の読み方というのはかなり強引で、我流の読み方をして意味をとり違えているところも多いそうです。その間違いを指摘したりするものだから、本願寺から叱られていたというのです。

「こんなこと言うから、僕は本願寺から憎まれていてね」

と言っておられましたが、私は福永さんの見方は的を射ていると思います。

実際、『教行信証』というのは、ちょっとページを開いただけでも漢文の羅列だけで、思わず胸が詰まるような感じがします。親鸞は比叡山をおり、仏教界における出世の道を捨て、一人の野の聖として法然の下に馳せ参じ、念仏一筋という道に生涯をかけました。その法然は、知識を捨てろと言っていたはずなのに、この延々続く漢文の羅列は何なのだろうか、と。

知恵第一の法然房と言われ、比叡山でも最高の秀才と言われた名声を全部捨てて、無智の人間に帰れと言っているのが、本来の主張でしょう。親鸞もそれに深く共感して、法然と同じ道を一筋に歩んだ人物です。

それがなぜ法然亡き後に『教行信証』のような文字どおりの巨編、難解な書物を著したか、様々な説があります。浄土真宗の正しい教理をきちんと憲法のように残したかったという説もあれば、明恵《みょうえ》という僧が師の法然を激しく批判したことに応えるのが目的で書いたのではないか、という説もあります。

いずれにしても、その時代、字を読める人はごく限られています。もともと浄土真宗は字の読める人を相手にしているのではなく、字も読めず、己の悪というものに対してさえ自覚のないような人々を対象とした念仏の道ですから、当時の一般の読者とは本来は無縁のはずです。だから、百年後、千年後の読者のために書いたのだという説もあります。諸説ありますが、本当のところはよくわかりません。

ただ、私の我流の考え方では、親鸞は法然の言葉どおりに、自分を本来の立場に置こうと一生懸命努力したものの、それは無理だということに何度も気づいたのではないでしょうか。

たとえば、上野国佐貫《こうずけのくにさぬき》での浄土三部経の千回読誦《どくじゅ》という有名な話があります。

親鸞はある時、人々を救うために浄土三部経を一千回読もうとしたが、いや、それは意味のないことだ、念仏一筋でいいのだと気づいて途中でやめたとか、夢の中でありありと経文の字が浮かび上がってきて、ああ、自分はそういうものを全部捨てたつもりなのに、体中にまだ学問や知識が染みついているのだと痛感したとかいう話もあります。

つまり親鸞は馬鹿正直に、法然の言ったように、いったん身に付けた知性というものを捨てようとしたが、やっぱりできないと身に染みて分かった。それもまた、人間・親鸞の苦悩の一つではなかったろうかと思います。

ですから、『教行信証』はある意味では、親鸞がそれまでに自分が比叡山で二十年近く修行し、学び、そうして得た様々な教養なり知というものをひとまとめにして、『教行信証』の中に葬り去ろうとしたのではないか、そんなふうに感じることがあります。

その後、親鸞は八十歳を過ぎて数多くの和讃を書きました。和讃というのは、流行歌と同じような七五調のリズムを持った、日本人の心情に根ざした歌です。それは本来の仏教というものに親鸞が立ち戻った姿なのかな、という気がして仕方がありません。

私自身はどちらかと言いますと、親鸞の学問的な著述にはさほど関心がないのです。

それよりも、関東の弟子たちの質問に答えて、わかりやすい言葉で手紙で返事を書いたり、あるいは弟子の唯円たちとの会話の中で日常的に語ったようなこと、それらが在りし日のブッダの姿と重なってくるような印象があります。

在りし日のブッダに還る

ブッダは、どういう人だったのでしょうか。

王族のプリンスの立場を捨てて二十九歳で家を出て、一介の修行者として様々な苦行に身を投じ、六年ばかり続けますが、苦行によっては悟りを開けないと気づいて山を出て里におり、菩提樹《ぼだいじゅ》の下で瞑想に入ります。それも伝承ですから、どこまで事実かはわかりません。

この瞑想のわずかな期間で悟りを開いて、その内容を話すように梵天《ぼんてん》から繰り返し乞われます。いわゆる梵天勧請《かんじょう》という物語で、ブッダは他人に話してもどうせ理解してもらえないだろう、と最初は迷いますが、やがて人々に語り始めるのです。

その語ったことは様々ありますが、先ほども言ったように、つまりは現世の悩みをどう克服していくか、心の不安をどう解消するか。どう安らかに人間らしく自信を持って生きていくことができるか、ということを語ったのでしょう。

悟りを得るという帰依の完成、いわゆる「般若波羅蜜多《はんにゃはらみった》」という「最上の知恵」の世界に達したブッダは、その後八十歳までの生涯の大半を歩き、語り、問答し、そして旅の最中にクシナガラという雑木林の中で行き倒れの形で亡くなります。

私もクシナガラに行ったことがありますが、物語に出てくるようなものではなく、ただの雑然とした雑木林でした。でも、むしろそのほうが感銘が深かったのです。ああ、こういう土地で食べ物にあたって下痢をして痛みに苦しんで、ついにここで息絶えたのか、と。

絵など描かれる中では周りにたくさん弟子たちもいて、動物や獣たちまでが一斉に集まってきてともに嘆き悲しむ様子が描かれていますが、ありていに言えば行き倒れです。今でいう孤独死ではなくとも、自然なかたちで、一人死んでいった。そうして終わったブッダの人生に、私はものすごく共感するところがあります。

ブッダが語ったことをできるだけシンプルに、素直に根源に遡《さかのぼ》って理解していこうとするとき、中国から日本にやってきた大量の仏典が実に煩わしく感じられてきます。

そこには仏教学という学問があって、経典を正しく読み、正しく解釈することに全精力をかけてきた歴史の積み重なりがあります。もちろんそれが日本の文明を大きく進化させてきたのは間違いありませんが、その過程で、何か大事なことが抜け落ちてしまったのではないか、そんな気がしてくるのです。

実際に、ブッダの生きた土地へ行って自分の足で歩いてみて感じることはいろいろありました。たとえばインドの暑さは、ほんとうに言語を絶するものがある。デカン高原あたりでは時に摂氏六十度近くになることもあります。

その炎天下をブッダは裸足で歩きました。数人の仲間たちとともに、トボトボと歩きに歩いてガンジス河も越え、最後は林の中で行き倒れになる。そのことを考えると、仏教学の賢げな知識や難しい解釈というのはどこか色あせて見えてきます。

ブッダは遊行の途中で、マンゴー園でよく野宿をしています。どうしてかと思っていたら、あるマンゴー園へ行って驚いたことがあります。私はマンゴーというのはスイカのように畑にごろごろと転がっているのではないかと勝手に思い込んでいたのですが、実際は堂々たる大木で、肉厚の葉がびっしり付いています。

マンゴー園のある場所というのは、周りが酷暑炎熱下でもよく風が通り、まことに涼しいのです。そうかブッダはこんな日陰で憩っていたのか、マンゴーの大樹の下に布一枚でも敷いてゴロリと横になり、若い数人の弟子たちとともに会話を楽しみながら、マンゴー園に吹く涼風にあたっていたのでしょう。

夜になると満天の星が空を覆います。空気が澄んでいるせいもあるでしょうが、インドの星空は空いっぱいに星が間近く見えて、言いようのないぐらいに華麗です。その星の下で一日中歩いた足を休めつつ、若い弟子たちと会話を交わしている時、ブッダはほんとうに幸せだったんじゃないか、そう思うのです。この世は素晴らしい、というブッダの言葉は、おそらくそういう時に出たのでしょう。

ガンジス河に行ったときもそうでした。ガンジスというのは多くの人が沐浴をしたり、死体が流されたり、火葬の灰が置かれたり、船が行き来したり、観光客がぞろぞろいたりして、水は黄色く濁りずいぶん汚いところだという先入観がありました。

けれど、ブッダがそこを越えたという少し上流のほうは水がきれいで、光の反射によってはガンジー橋の上から眺めると、流れは青く、緑がかって澄んで見える。ああ、美しき青きガンジスよ、と思わず感じ入りました。

何事も聞くと見るとでは大違いと言いますが、やはり実際に行ってみないと分からないことはたくさんあります。

私たち日本人というのは、ブッダにしてもイエス・キリストに関しても、いまだに日本的な理解しかしていないところがあるかもしれません。

以前、中国で座禅の本場といわれる、『六祖壇経《ろくそだんきょう》』を書いた慧能《えのう》のお寺に行って、座禅を見たことがありました。合図が鳴ると、坊さんたちがつっかけやゴム草履を履《は》いてパラパラと集まってきます。床や畳の上ではなくて、椅子に胡坐《あぐら》をかいて座ったり、あるいは足を投げ出して座ったり、傍らに蚊取り線香を置いたり、手に持ったウチワをあおいだり、各々気ままにしていて雑談している。

そのうち一人一人が静かに瞑想しだして、しばらくたつとまた合図の音が鳴ってガヤガヤ出ていく。エッ、本場の禅というのはこんな禅か、と驚いたものでした。

日本では、本来のものがいろいろ違ったものになっていきます。日本文化を作り上げていく中で、外来文化を本来のものから変容させながら受け取っていく。これは宗教に限らずあらゆる面でそうですが、それは日本独自の新しいものが積み上がっていくのだと考えたほうがよくて、それはそれで非常に価値あるものだと私は思います。

仏教も様々な国を経由して、日本にもたらされる間にずいぶん変貌したのだろうと思いますし、分からないことを別の言葉で言い表そうとすると、次第に本当のところからずれていってしまうことは珍しくありません。

江戸時代のある時期、大乗非仏説《だいじょうひぶっせつ》、つまり大乗経典にはブッダの言葉そのものは存在しておらず、後世につくられたものだという主張が広がったことがありますが、それは今でも尾を引いているようです。

話をもとに戻すと、ブッダが語ったことは、御堂筋のネオンサインにあったように人々に将来の見通しを与え、病んだ心も痛んだ心も将来の不安も、その言葉によって和らげられ、安心して生きることができる、そういうものだったのではないでしょうか。それを一人でも多くの人へ伝えるのがブッダの根本姿勢であり、本来の仏教ではあるまいか。私はそう思うのです。

雑談の終わりに・質疑応答

いろいろと勝手な雑談をしてきましたが、ここからは参加者の方々からいただいた質問にお答えしていきたいと思います。

――『歎異抄』で、「善人なほもつて往生をとぐ」の後に、「悪人成仏のためなれば、他力をたのみたてまつる悪人、もつとも往生の正因なり」とありますが、イスラム国の名で、悪行を行う者に対してもこの言葉は適用されるでしょうか。もし現代に親鸞がいれば、イスラム国の悪行に対して、どう対応したと思われますか。

これは私ではなくて佐藤優さんにお聞きになると、一番ぴったりくるんじゃないかと思いますが、ともあれ今という時代に即した非常に鋭い質問です。

親鸞の基本的な論理で言えば、救われるということになります。ただ、親鸞の一言一言を論理的に突き詰めて行って、それを証明するようなことはとても無理でしょう。なぜなら、ブッダであれ親鸞であれキリストであれ、生きている場所、その時その状況の中で様々に違うことも言えば、矛盾したことも言っているからです。

ですから、よく「この問題について、親鸞ならどう考えるでしょう?」と問われた場合、それは何歳の頃の親鸞の思想でしょうか、と聞き返すことがあります。いくら親鸞聖人であっても、年齢によって答えも違ってくるだろうと思うからです。

九歳で出家する前か、二十九歳で比叡山をおりた時か。あるいは流刑にあって越後の地にあった時か、関東にいた時か。それとも、六十歳を過ぎて京都に帰ってきた時なのか。八十歳、九十歳になって和讃を書いていた晩年の親鸞なのか。

仏教の思想の根本は、すべてのものは常に変化する、ということです。すると親鸞も変化し続けているし、十年前にこう言った、十年後はああ言った、とそれらすべてに整合性を求めるのは無意味です。自然は、人間は変化するものなのです。

親鸞だって心の中で揺れたりぶれたりしたことはあったでしょうし、つまり、動的に人間を捉えるということがすごく大事だと思うのです。

親鸞はこう言った、ああ言ったなどとこだわるばかりで、親鸞の思想を固定してしまい、決めてしまうのは大きな間違いだと思います。生きた形で、揺れ動く、そういう親鸞の思想を私たちは捉えなくてはならないと思うのです。

親鸞もいろいろ場所に応じて変わっています。根強い在俗信仰が生きている世界では、それなりに対応しているし、神社の前で頭を下げるなとも言いません。

ですから、たとえば自分の身内が、ほかの神社にお参りするというなら、それを否定する必要もない。ただ自分は行かない、少なくとも積極的に勧めることはしない、自分は念仏者であり、「念仏者は無礙《むげ》の一道なり」、念仏一筋でいいのだから、という姿勢です。

昔から、ピュアな浄土真宗の家ではお正月の門松を立てませんでした。神道の行事だからという理由です。それから七五三もクリスマスも本当はやらない。でも世間がやっているから、バレンタインデーにチョコをあげたりするぐらいはかまわない、という真宗の人もたくさんいます。

親鸞も、世間の義理と人情というものを結構大事にしていて、信仰には厳格である反面、関東などでは世間の人々と実際的に接しています。自分の信念を無理に人に押し付けるようなことはなかっただろうと思います。

ですから、イスラム国の問題にしても、イスラム圏に生きている人と、われわれ極東の端の島国で生きている日本人と、大陸続きの欧米人の場合と、それからイスラム教徒である場合とキリスト教徒である場合と、そのどちらでもない場合、考え方は様々に違うはずで、これだけが唯一の真実だという答えは出てこないと私は思います。

基本的に親鸞の論理というのは、法然の悪人正機の理論をさらに深めていますから、悪人でも救われるという以上、イスラム国も救われないと論理的には不正解でしょう。

ただ、親鸞は悪人こそ救われると言いながら、「薬あればとて、毒をこのむべからず」とも言っています。つまり、阿弥陀如来が必ず救ってくださるから、ならいいや、どんな悪いことをしても平気だと悪行を重ねる、いわゆる造悪無碍、救いがあるから何をやってもいいという考え方は間違っていると厳しく戒めているのです。

これも同じ親鸞の言葉ですから、矛盾しているところはたくさんあります。けれども矛盾しているのが人間の生きた思想であり、生きた姿というものです。ブッダの言葉として伝えられている中にも様々に論理的に矛盾したところもあれば、あれ？と思うところも少なくありません。

その時その場で、その人がどういうことを言ったか――私だって今ここでこんな話をしていますが、来年また別の場所で話をする時は、全然違うことを言っているかもしれないのです。それは私が一年ぶん進歩したということかもしれないし、衰えたということかもしれませんが、いずれにせよ、人間は常に変化するものです。

ですから、親鸞の思想を固定化してとらえ、あたかも憲法のように考えるのは間違いだと私は考えています。いわんや、人間の思想をどこかで切り取って絶対普遍の思想とするとなるともう至難の業です。

悪人正機というなら悪の塊《かたまり》のような人間、たとえばオウム真理教事件の麻原についてはどうなのか。ある時は救われると言い、後になって、いや、あれは救われないと言ったとしても、それは生きた人間の思想として認めなくてはいけないと思います。

親鸞は九十歳という非常な高齢で死にますが、最晩年の頃になると、ものも忘れ、人の名も忘れ、字も乱れ、ということを率直に言っています。知力も体力もあふれていた若い時、越後や関東で暮らした中年の時、そして当時とは明らかに違います。

そもそも人間というものは一日一日違うものです。昨日の自分と今日の自分、明日の自分もまた違う。人々はそこに一貫性を求めたがるところがありますが、それは人間の血圧に基準値を求めるのと同じことで、どうにも難しいことですね。答えにならなかったかもしれませんが、お許し下さい。

——神や仏を親鸞は認めるのか、認めないのか。それとも弥陀一仏に帰命し、ほかの神様など拝むなと言っているのでしょうか。

六角堂で参籠した時に、親鸞は聖徳太子の化身と言われる救世《くせ》観音に祈願しています。比叡山にいる間に学んだもの、いろんな信仰の遍歴を経ていると思います。当時、観音信仰というのは非常に深いものがあったと思います。特に救世観音とか、そういうものに対しての信仰は生涯忘れえなかったかもしれません。

そもそも親鸞は、善光寺や鹿島明神に対する信仰など様々な在来信仰が根深く絡まった関東の土地でも、一挙に旧習を打ち破って阿弥陀如来一仏でいけ、というようなことは言ってはいません。もろもろの神や仏、諸神諸仏を軽んずべからず、とは親鸞も語り、蓮如もずっと言い続けてきていることです。

つまり、仏教を守ってくださる神仏だから粗末にしてはいけない。ただ、阿弥陀如来を信じる以上は、わざわざお参りするとか、特別にどこかの信仰に励むとかということは必要なかろう、という意見です。

これは実に政治的というか、言い訳めいて聞こえるかもしれませんが、やはり当時の状況に応じた言い方だな、と思います。生きている人間の信仰というのは、そういうものではないでしょうか。

浄土真宗のことを、日本には珍しい一神教的仏教と言う人がいますが、これはニュアンスが違うと思います。むしろ選択的一神教と言うべきだと思います。

キリスト教は非常に積極的で、仏教は消極的という感じもしますが、少なくとも浄土真宗は、キリスト教とそっくりなところがあります。弥陀一仏か、Ｇｏｄという絶対存在を前提にするか、しないかということでしょう。

法然は一仏を信ぜよと説きましたが、親鸞は冥衆護持《みょうしゅごじ》ということを述べています。

これは目に見えない諸仏諸神に護られるということで、神や仏、阿弥陀如来一仏ではあるけれど――喩《たと》えて言うならこういうものかもしれませんが――世の中に母はたくさんいるけれど、我がたらちねの母はこれなり、ということでしょう。

お母さんはたくさんいる。友達のお母さんとすれ違った時には、「こんにちは、何々君元気？」、「はい、おかげさまで」と答えるのは、他人の母親を認めないということではない。でも自分を産んだお母さんはただ一人。そういうことだろうと思います。

選択的な一神教といったのはそういうことで、他宗の諸神諸仏を軽んずべからず、というのは真宗の基本的な姿勢だと思います。ただし、我が母はただ一人。これでまあ説明がつくのではないでしょうか。

法然が弾劾されて流刑にあった念仏弾圧の理由も、阿弥陀如来一仏だけでいい、他の宗教は要らないというふうに『選択本願念仏集』の中で宣言したことにあります。

でもその法然ですら別のところでは、他の宗派をけなしているのではない、自分たちは阿弥陀仏一仏にすがるのだという考え方であって、他を否定するのではないと懸命に釈明していますから、これも矛盾していると言えます。

しかし、そもそも人間のすることに常に論理的一貫性を求めるのはどうなのでしょうか、それでは生きた思想とは言えない気がします。


――親鸞の思想がキリスト教に通じると言われるのは、なぜでしょうか。


宗教倫理学者のウィリアム・ジェームズは、宗教とはシックマインド、病める心にとって必要なのであり、ヘルシーマインドにとって宗教は必要でないと言っています。この宗教理論は、広く引用される言葉ですが、私は異論があるんです。

それは、人間は生まれた時から誰もが死のキャリアであり、人間そのものが病める存在だと考えると、シックとヘルシーの二つに人間を分けていいものか、と考えてしまうからです。

以前、私はパリで「ル・モンド」紙の宗教局長というジャーナリストに、たいへん堪能な通訳付きでインタビューしたことがあります。その時に聞いたのは、フランスはじめヨーロッパでは、仏教の教えが伝えられた初期、ずいぶん警戒したということです。「われわれヨーロッパ人は、仏教の教えに対して、初めある種の嫌悪感を持った。それは何かと言うと、仏教が『苦』、つまり虚無というものを前提にして出発する思想であるからだ」

彼らヨーロッパ人が無意識のうちに抱く何らかの拒否感とは、どこから来るのか。ヨーロッパに最初に入ったのは密教系のチベット仏教だと思われますが、その後ニーチェやキルケゴールなどの思想家が出てくるにしたがい、仏教に対する偏見というか、そうした嫌悪感は少しずつ薄らいできます。

そして一九六八年の五月革命の後、若い人たちの間で仏教ブームが起こりました。その仏教ブームは禅を中心としたもので、今でもフランスでは仏教すなわち禅だと思われています。アメリカでも基本的にそうです。

浄土真宗についてはほとんど知られていないにしても、もし欧米の人たちが『歎異抄』を読んだとしたら、これはキリスト教の影響を受けているのだろう、と考えても不思議ではありません。

親鸞あるいは『歎異抄』に現れている考え方が、中央アジアから中国に至った景教、いわゆるキリスト教の中国版の影響を受けているのではないかという説があります。それは異端の説として、それを言い出すと、たちまち厳しく批判されるような雰囲気があります。親鸞学の中ではタブーとされていることがあって、しかし非常によく共通していて、根本のところでは似ています。

絶対的な救い主、信仰による救済、慈悲や永遠の救いなど、たしかに浄土真宗の教えはキリスト教とよく似ています。それだけではなくて、まったく重なっている部分もある。仏教は慈悲と知恵の教えであるとよくいわれ、キリスト教でも慈によく似た愛を非常に大事にしますが、しかし、仏教のほうは悲のほうに重点があるような気がします。

悲とは、己の無力さがゆえに思わずため息をつく、というような深い感情です。この人を救おう、という深い愛情というより、この人を救いたいと思いながらも、人間には思い通りに救うことができない、というその己の無力さゆえに、ああ、と深いため息をつく。そんな感じが仏教にはあります。

こういう言葉があります。

「君看《み》よ、双眼の色。語らざれば、憂いなきに似たり」

あの人の目の色を見てごらんなさい。苦しいとか辛いとか大変だとか、ひと言も言わないでいつも静かにニコニコ微笑んでいる。けれどその人が言わなければ言わないほど、その人が心の中にじっと一人だけで抱えている痛みや悩みと憂いの深さが、ひしひしと伝わってくるではありませんか、こういう意味です。

これは、「酒はこれ忘憂の名あり」という親鸞の言葉とつながるところがあるのではないでしょうか。

さて、あちこち話が飛んでいるうちに時間がきてしまったようです。

どうも雑談ばかり続いたようで、本になった時に、あれ、こんな偉そうな話をしてたかな、と思われるかもしれませんが、最後まで熱心に聞いてくださり、本当にありがとうございました。お疲れさまでした。

（二〇一五・三・二十七）

あとがき

私は九州人の例にもれず、雑談が大好きだった。徹夜で話しこんでも、まったく飽きるところがない。

新潮社から小人数の講座で話をしてみないかとすすめられて、すぐにＯＫした。テーマが親鸞ということで、雑談ならいいです、と応じたものの次第に心配になってきた。なにしろ親鸞をめぐっては、数えきれないほどの論文、研究書、文学作品などが目白押しである。明治以来、これほど学界、ジャーナリズムでとりあげられた宗教家はいないといっていいだろう。

ふり返ってみると、私も半世紀以上、親鸞に惹かれ続けてきた。清沢満之についての短い文章を雑誌「文學界」に書いたのも、三十代の頃のことである。しかし、読めば読むほどわからなくなってくるのが親鸞である。深くて暗い森に迷いこんで、どう抜けていいかわからずに立ちすくんでいる、というのが正直なところだ。迷路のような親鸞の世界にからめとられて、むしろ以前よりはるかに視界がぼやけてきた感じがある。

学問の対象としての親鸞はともかく、生きた思想として親鸞を語るのは、ほとんど語り手の推測にすぎない。親鸞について語る人びとは、彼に托して自分を語っているのではないか、と感じている。

要するに親鸞は、わからない人である。だからこそ、これだけの親鸞論が書かれるのだろう。そんな幻のような人物について、どう語ればいいのか。熱心な受講生のかたがたを前にして、私に何ができるのか。

最初、その講座につけたタイトルは、「親鸞をめぐる雑話」というものだった。親鸞入門でもなく、親鸞研究でもない。親鸞の森に迷いこみながら、とりとめのない感想を述べるだけのことだ。

地方の寺を訪れて、若い僧侶に小声でたずねられることがある。

「親鸞さんは、いったい誰に向けて『教行信証』を書かれたのでしょうか」

「さあ、わかりません」

と、いつも答えるのだが、私自身はこう思っている。親鸞は自分自身に向けてあの書を書いたのだ、と。


親鸞は大知識人だった。知恵第一の法然房とうたわれた希代の秀才、法然よりもさらに豊かな学識と知性にめぐまれた超インテリだった。それは間違いない。そして師法然に対する姿勢は、文字どおり帰依するといった表現がふさわしい。

しかし、その法然は、知を捨てよ、という。知の果実を食べた人間がそれを捨てて愚に返ることとは、不可能である。肉声を通じ、人格をもって受けとめた法然の教えを、親鸞は最後のところは「知」をもって確認せざるをえなかった。『教行信証』は大知識人親鸞が己に向けて書いた訣別の書ではないのか。そしてそれをなしとげたときに、親鸞は念仏者として自立したのではないか。そこから本当の愚禿《ぐとく》の世界に歩み入るのだ。

親鸞自身が書いたのではない、ということで『歎異抄』を軽んずる人もいる。しかし、仏典はブッダが書いたのか。聖書はイエスの手になるものなのか。『論語』は孔子の著作だろうか。ソクラテスの思想はどうか。

第三者によって語られた思想が重要なのだ。『歎異抄』に描かれた親鸞こそが、私たちにとっての親鸞なので、歴史的親鸞像は、それとは別の学問の世界である。

いま、なぜ親鸞か、と、常に質問を受ける。親鸞の思想とは?と、くり返したずねられる。そんなとき、私は「それは何歳ごろの親鸞の思想でしょうか」と、きき返す。親鸞は一枚看板ではない。十代のとき、二十代のころ、そして中年から晩年にいたるまで、親鸞はその時々を生きた人間だ。そこを動的にとらえることが必要なのだ。時と場所と状況によって親鸞の言葉も揺れ動く。一貫して流れるものは、ある。しかし、それはそれとして、絶えずダイナミックに変化する親鸞を思い描かなければならない。

この雑話が、親鸞の深くて暗い森の道先案内になることはないだろう。しかし、思い切ってその森に踏みこんでみようという、きっかけにでもなれば、とひそかに思う。

受講者の皆さんがたに感謝するとともに、この講座のきっかけを作って下さった新潮社の上田恭弘さん、そしてこの雑話を一冊の本にするために粘り強く叱咤激励を続けてくれた編集者、阿部正孝さんにあらためてお礼を申上げたい。ありがとうございました。

本書は二〇一五年に行われた新潮講座「人間・親鸞をめぐる雑話」全三回をもとに、加筆修正したものです。

五木寛之　1932年福岡県生まれ。作家。『蒼ざめた馬を見よ』で直木賞。『青春の門 筑豊篇』他で吉川英治文学賞。2008年から14年にかけて『親鸞』三部作を発表。

Ⓢ新潮新書

658

はじめての親鸞《しんらん》

著　者　五木寛之《いつきひろゆき》

2016年3月20日　発行

発行者　佐　藤　隆　信

発行所　株式会社新潮社

〒162-8711　東京都新宿区矢来町71番地
編集部(03)3266-5430　読者係(03)3266-5111
http://www.shinchosha.co.jp

印刷所　錦明印刷株式会社

製本所　錦明印刷株式会社

ISBN978-4-10-610658-3　C0215

Ⓢ新潮新書

613 超訳 日本国憲法 池上 彰

《努力しないと自由を失う》《働けるのに働かないのは違憲》《結婚に他人は口出しできない》《「戦争放棄」論争の元は11文字》……明解な池上版「全文訳」。一生役立つ「憲法の基礎知識」。

614 人間の愚かさについて 曽野綾子

日々の出来事や時事的な話題の中に、この世で人が生きること、死ぬことの本質をとらえ直し、世の風潮のおかしさを鋭く突く。豊かな見聞と経験に裏打ちされた人生哲学。

615 俺の日本史 小谷野敦

「〝なぜ〟や〝法則〟ではなく〝事実〟を」「徳川時代はやっぱり〝停滞〟」「攘夷思想＝現代の排外主義」などといった著者の歴史観のもと、古代から幕末までの日本史を一気呵成に論じる。

616 テレビの秘密 佐藤智恵

人はなぜマツコ・デラックスを見てしまうのか？　テレビ東京に学ぶ弱者の戦略とは？　国内外のテレビ事情を知り尽くした著者が、経営学の視点からヒットのセオリーを徹底分析！

617 小林カツ代と栗原はるみ 料理研究家とその時代 阿古真理

「働く女性の味方」小林カツ代と「主婦のカリスマ」栗原はるみを中心に、百花繚乱の料理研究家を大解剖。彼女たちの歩みは、日本人の暮らしの現代史である。本邦初の料理研究家論！

新潮新書

618 キラキラネームの大研究　伊東ひとみ

苺苺苺ちゃん、煌理くん、愛夜姫ちゃん……珍奇で難読な「キラキラネーム」現象には、日本語の宿命の落とし穴が関わっていた。豊富な実例を交えた、目からウロコの日本語論。

619 習近平の中国　宮本雄二

総書記就任以来、猛烈なスピードで改革を進める習近平。しかし、その改革によって共産党一党支配の基盤は崩れていかざるを得ない。「習近平を最もよく知る外交官」による中国論。

620 呆けたカントに「理性」はあるか　大井 玄

ボケてもボケていなくても、なぜ「胃ろうはNO」なのか。医学と哲学の両面から、理性と情動の関係、人間の判断の意味を解き明かす。認知症五百万人時代の必読書。

621 常識外の一手　谷川浩司

本筋をわきまえてこそ「プロ」。だが、そこを離れなければ「一流」にはなれない——。将棋界が誇る達人が、常識のその先へ行く勇気ある思考法と勝負の機微を伝授。

622 どん底営業部が常勝軍団になるまで　藤本篤志

平均50歳以上、経験ほぼなしの凡人営業マンたちが、ノルマを達成し続ける最強チームに進化したのはなぜか？『御社の営業がダメな理由』著者が「奇跡の改革」の全容を明かす。

新潮新書

633
大放言
百田尚樹
数々の物議を醸してきた著者が、ズレた若者、偏向したマスコミ、無能な政治家たちを縦横無尽にメッタ斬り！　綺麗事ばかりの世に一石を投じる、渾身の書下ろし論考集。
634
プリンス論
西寺郷太
ポップで前衛的な曲、奇抜なヴィジュアル……すべては天才による〝紫の革命〟だった――。同じ音楽家ならではの視点で、その栄光の旅路を追う、革命的ポップ・ミュージック論！
635
日本を愛した植民地
南洋パラオの真実
荒井利子
「日本の時代が一番良かった」。なぜ今なお島民はそう言うのか。戦後の米国の影響下とはどこが違うのか。数多くの貴重な証言から、植民地支配に新たな視点を提示する一冊。
636
中国人の頭の中
青樹明子
大嫌い、でも大好き――。反日教育と「抗日ドラマ」によって徹底的に刷り込まれた憎悪と、「爆買い」に代表される日本製品や日本文化への信頼と憧れ。現代中国人の屈折に迫る！
637
左翼も右翼もウソばかり
古谷経衡
「日本は戦争前夜だ」「若者が政治に目覚め始めた」「中国はもうすぐ崩壊する」……注目の若手論客が、通説・俗説のウソを一刀両断！　騙されずに生きるための思考法を提示する。

Ⓢ新潮新書

638 医者と患者のコミュニケーション論 里見清一

病院内に蔓延する相互不信をどうすべきか。綺麗事や建前は一切排除。「わかりあう」ことについて臨床医が現場で考え抜いて書いたリアルかつ深遠なるコミュニケーション論。

639 いつまでも若いと思うなよ 橋本 治

「楽な人生を送れば長生きする」「老後は貧乏でも孤独でもいい」など、「前期高齢者」の仲間入りを果たした作家が、「老いに馴れる」ためのヒントを伝授。老若男女のための年寄り入門。

640 被差別のグルメ 上原善広

虐げられてきた人びとが生きる場所でしか、食べられない美味がある。アブラカス、サイボシ、鹿肉、イラブー、ソテツ、焼肉……垂涎の料理と異色の食文化を大宅賞作家が徹底ルポ。

641 さらば、資本主義 佐伯啓思

豊かさと便利さを求めた果てに、なぜ行き場のない世界になったのか。経済成長の空虚、地方創生の幻想、SNSと金融の大罪など、稀代の思想家がこの社会の限界と醜態を鋭く衝く。

642 毛沢東 日本軍と共謀した男 遠藤 誉

「私は皇軍に感謝している」——。日中戦争の時期、毛沢東の基本戦略は、日本と共謀して蒋介石の国民党を潰すことだった。中国共産党が決して触れない「建国の父」の不都合な真実。

Ⓢ新潮新書

643
宇宙を動かす力は何か
日常から観る物理の話
松浦壮

複雑な世の中をすっきり理解してシンプルに生きる知恵、それが物理だ。若き素粒子物理学者が数式ゼロで解説、AKB48総選挙の話を読むうちに相対性理論まで分かる特別講座、開講！

644
市川崑と『犬神家の一族』
春日太一

『ビルマの竪琴』『東京オリンピック』『細雪』などの名作を遺した巨匠・市川崑。その監督人生と映画術に迫る。『犬神家の一族』徹底解剖、〝金田一〟石坂浩二の謎解きインタビュー収録。

645
三島由紀夫の言葉 人間の性
佐藤秀明 編

わずか45年の生涯で膨大な作品を残した三島由紀夫。その類稀なる知性と感性はいかなるものだったのか。人間の本質、世間の真理、芸術の真髄を鋭く衝く至極の名言集。

646
スター・ウォーズ学
清水節
柴尾英令

なぜこの映画だけが「特別」なのか？　誕生史から撮影秘話、世界観や物語の構造、新作の解説まで、二人のマニアが語り尽くすこの素晴らしき〈サーガ〉の世界。

647
ほめると子どもはダメになる
榎本博明

生きる力に欠けた若者は、欧米流「ほめて育てる」思想の産物だ。「ほめても自己肯定感は育たない」「母性の暴走が弊害のもと」……臨床心理学で安易な風潮を斬る、日本人必読の書。

Ⓢ新潮新書

648
戦略がすべて
瀧本哲史

この資本主義社会はRPGだ。成功の「方程式」と「戦略」を学べば、誰でも「勝者」になれる――『僕は君たちに武器を配りたい』著者が、24の「必勝パターン」を徹底解説。

649
イスラム化するヨーロッパ
三井美奈

押し寄せる難民、相次ぐテロ事件、増え続ける移民、過激派に共鳴する若者、台頭する民族主義、失われゆく伝統的価値観――欧州が直面する「文明の衝突」から世界の明日を読み解く！

650
1998年の宇多田ヒカル
宇野維正

「史上最もCDが売れた年」に揃って登場した、宇多田、椎名林檎、aiko、浜崎あゆみ。それぞれの歩みや関係性を「革新・逆襲・天才・孤独」をキーワードに読み解く、注目のデビュー作！

651
オキナワ論
在沖縄海兵隊元幹部の告白
ロバート・D・エルドリッヂ

「NO」しか言わないオキナワでいいのか？普天間と辺野古、政権交代とトモダチ作戦の裏側、偏向するメディア――歴史学者として、海兵隊の元政治顧問として、捨て身の直言！

652
10年後破綻する人、幸福な人
荻原博子

東京五輪後に襲う不況、老後破産から身を守る資産防衛術、年金・介護・不動産の基礎知識……幸せな生活を送るために知っておくべき情報を整理してわかりやすく説く。

新潮新書

653 百人一首の謎を解く　草野隆

誰が何のために？　なぜ代表作が撰ばれていない？　なぜ不幸な歌人が多い？　「発注主」と和歌が飾られていた「場」に注目することで、あらゆる謎を鮮やかに解く。

654 学者は平気でウソをつく　和田秀樹

信じる者は、バカを見る！　「学者はエラい」なんて、20世紀の迷信だ。医療、教育、経済など、あらゆる分野にはびこる「学者のウソ」に振り回されないための思考法を伝授。

655 がん哲学外来へようこそ　樋野興夫

もう、悩まなくていい。「『解決』しない不安も『解消』はできる」「冷たい医師にもいい医師がいる」「何を望むか、よりも何を残すか」――患者と家族の心に効く「ことばの処方箋」。

656 個人を幸福にしない日本の組織　太田肇

会社、大学、町内会、PTA等で報われないのはワケがある。〈組織はバラバラがよい〉〈厳選された人材は伸びない〉組織の悪因を暴き、個人尊重の仕組みに変革する画期的提言を示す。

657 情報の強者　伊藤洋一

「情報弱者」はどこで間違うのか？　情報を思い切って捨て、ループを作る思考を持つことこそが、「強者」の条件だ。多方面で発信を続ける著者が、情報氾濫社会の正しい泳ぎ方を示す。